FACULTÉ DE DROIT DE PARIS

THÈSE

POUR

LE DOCTORAT

SUR

LA PÉTITION D'HÉRÉDITÉ

EN DROIT ROMAIN ET EN DROIT FRANÇAIS

L'acte public ci-après sera présenté et soutenu, le Lundi 21 Août 1865,
à neuf heures

PAR

Paul-Louis CAUWÈS

Né à Paris le 3 Mai 1843

(1re Mention de Droit français, concours de Licence, 1863.)

Président : M. VUATRIN, *Professeur*.

Suffragants :
MM. DE VALROGER,
DURANTON,
DEMANTE,
GÉRARDIN.

Professeurs.

Agrégé.

PARIS

TYPOGRAPHIE MORRIS ET COMPAGNIE

RUE AMELOT, 64

—

1865

THÈSE

POUR

LE DOCTORAT

SUR

LA PÉTITION D'HÉRÉDITÉ

EN DROIT ROMAIN ET EN DROIT FRANÇAIS

L'acte public ci-après sera présenté et soutenu, le Lundi 21 Août 1865,
à neuf heures

PAR

Paul-Louis CAUWÈS

Né à Paris le 3 Mai 1843

(1re Mention de Droit français, concours de Licence, 1863.)

Président : M. VUATRIN, *Professeur.*

Suffragants : {
MM. DE VALROGER,
DURANTON,
DEMANTE, } *Professeurs.*
GÉRARDIN, *Agrégé.*

PARIS

TYPOGRAPHIE MORRIS ET COMPAGNIE

RUE AMELOT, 64

1865

A MON PÈRE

—

A MA MÈRE

DE
LA PÉTITION D'HÉRÉDITÉ

Toutes les causes d'acquisition qui dérivent de la loi, ou que la loi consacre, doivent être munies de garanties efficaces. Lorsque l'état de fait diffère de l'état de droit, il faut que la législation mette tout en œuvre pour faire cesser cette opposition en faveur de l'état de droit. Ainsi, partout où la succession sera comptée au nombre des modes d'acquérir la propriété, on accordera nécessairement à l'héritier une action ; c'est-à-dire qu'on lui permettra de s'adresser à l'autorité publique, afin que la transmission de l'hérédité s'opère en dépit de toutes les résistances et de toutes les violations dont elle peut être l'objet.

C'est cette sanction du droit de succession qu'on nomme la pétition d'hérédité : elle suppose l'acquisition réalisée en la personne du demandeur, mais la possession entre les mains d'une autre personne, qui refuse de s'en dessaisir en lui contestant sa qualité d'héritier. L'ignorance où l'ayant-droit est resté de l'ouverture de la succession, sa négligence à agir, ou son éloignement, font que cette action est souvent dirigée contre un autre successible, appelé à un rang plus éloigné, et possesseur de bonne ou de mauvaise foi; le conflit peut même avoir pour cause que l'une des parties conteste à l'autre sa qualité de successible, sans méconnaître que, si cette qualité était établie, elle serait préférée à la sienne : la pétition d'hérédité se lie alors intimement à l'une des questions les plus graves, à la réclamation ou à la contestation d'état. Si cette question d'ordre moral ne se présente pas, on ne peut, toutefois, rester indifférent à la lutte qui s'engage par la pétition d'hérédité sur la continuation juridique du défunt. De plus, le nombre et l'importance des rapports juridiques compris dans cette action en font une des matières les plus complexes et les plus délicates de tout le droit. Il faut, en effet, entre les parties, se demander quelles restitutions le possesseur qui sera condamné devra effectuer, quels comptes s'établiront, entre lui et le demandeur, au sujet des dépenses et des actes faits entre l'ouverture de la succession et l'époque de la demande; à l'égard des tiers, ayants-cause du défendeur, voir jusqu'à quel point la défaite judiciaire de leur auteur peut infirmer leurs droits. — A un point de vue tout différent, la pétition d'hérédité mérite aussi l'attention ; il y a sur elle, dans le Digeste et dans le Code de Justinien, un ensemble de doctrines ; dans le Code Napoléon, au contraire, le législateur a gardé un silence presque absolu ; or, si le droit romain peut servir de guide, et si, souvent aussi, on est tenté de lui attribuer une trop grande autorité, c'est quand l'interprète est abandonné à ses seules forces ; il doit profiter sans doute du secours que lui fournit le droit romain, mais en tant que l'équité ou les principes du droit français, dont il cherche à combler les lacunes, n'en ont pas à souffrir.

J'ai pensé que cette étude comparée de la pétition d'hérédité dans les législations romaine et française, bien qu'elle fût hérissée de difficultés que je n'ai jamais eu la présomption de pouvoir surmonter, répondait entre toutes à la pensée qui a fait placer l'enseignement du droit romain à côté de celui du droit français.

DROIT ROMAIN

PARTIE PRÉLIMINAIRE.

1° DÉFINITION DE LA PÉTITION D'HÉRÉDITÉ.

De l'objet immédiat de la demande, il convient de tirer la définition d'une action : on aurait donc tort de dire que la pétition d'hérédité est l'action par laquelle le successeur réclame la restitution des choses héréditaires. Tel n'est, en effet, que le but médiat que se propose l'héritier. Ce qu'il veut et doit faire, c'est la constatation de son droit à la succession. Toute la question est de savoir s'il va bien établir sa qualité d'héritier; si oui, la restitution ne sera qu'une conséquence; si non, pourquoi forcerait-on le défendeur à se dessaisir? Cette remarque a son intérêt si l'on veut éviter toute confusion entre la *petitio hereditatis* et la *rei vindicatio :* ce n'est pas au point de vue de l'obligation de restituer du défendeur qu'existe la différence fondamentale entre ces deux actions; peu importe même que, le plus souvent, la revendication porte sur une chose particulière et la *petitio hereditatis* sur un ensemble, sur une masse de biens, ce n'est là qu'un accident : le défendeur à la *petitio hereditatis* peut n'être possesseur que d'un seul objet. A ne s'attacher qu'au résultat, elle ne serait alors que l'action en revendication du *de cujus* exercée par son représentant. Il faut donc renoncer à toute distinction reposant sur l'issue de ces actions et définir la pétition d'hérédité, à raison de la prétention même du demandeur, l'action par laquelle une personne tend à faire reconnaître qu'un droit de succession est ouvert à son profit. La différence avec la *rei vindicatio* est dès lors sensible ; car le demandeur, dans la *rei vindicatio,* invoque la qualité de propriétaire d'un objet déterminé, en vertu d'un mode d'acquérir à titre singulier. De ce que la cause d'acquisition que fait valoir l'héritier est *per universitatem,* la pétition d'hérédité est appelée action universelle ; par contre, la *rei vindicatio* est dite action spéciale.

Trois systèmes de procédure se sont succédé à Rome ; ils ont eu une telle influence sur la formation et le développement de la théorie des actions qu'il est nécessaire, tout d'abord, d'étudier sous chacun d'eux l'organisation de la pétition d'hérédité.

2° HISTORIQUE DE LA PROCÉDURE DE LA PÉTITION D'HÉRÉDITÉ.

N° 1. — *Procédure de la Pétition d'hérédité sous le système des actions de la loi.*

La division du procès en deux phases distinctes, l'une devant le magistrat, l'autre devant le juge, existe sous ce premier système de procédure ; mais le *judicium* a lieu tantôt devant un tribunal permanent, tantôt devant un simple particulier, quoique ce dernier mode paraisse moins ancien. (G., 4, § 15.) Pour instruire la pétition d'hérédité, le demandeur conduisait *in jus* son adversaire. Devant le magistrat, on observait les formes de l'*actio sacramenti*, d'abord la seule action de la loi ; puis, lorsqu'il en fut créé d'autres, l'action de droit commun. (G., 4, § 13.) Il n'y a donc qu'à appliquer à la pétition d'hérédité ce que dit Gaius (4, § 16) de l'emploi de cette action dans la *rei vindicatio*. Toutefois, pour que le préteur pût faire cesser la *manuum consertio*, il fallait, au moins après que la *deductio* ne fut plus en usage, que les parties eussent pris pour symbole de l'hérédité une chose héréditaire, et qu'elles se la fussent disputée jusqu'en présence du magistrat. (Aul. Gel., *N. att.*, 20, 10.) On ne saurait douter qu'il en ait été ainsi lorsqu'on se rappelle qu'à l'origine, ce combat simulé devant le préteur, *manus consertæ*, était un combat réel qui, bien évidemment, ne s'engageait pas sur l'hérédité considérée comme universalité juridique, mais sur une chose corporelle déterminée dépendant de la succession. De plus, les actions de la loi sont sacramentelles, *ipsarum legum verbis accommodatæ* : il n'est pas loisible au magistrat de remplacer par un autre tel acte ou même telle parole de la procédure (G., 4, § 11 et 30) ; or, Gaius nous apprend qu'après l'imposition de la *festuca* sur la chose réclamée faite par le demandeur et le défendeur, le préteur devait dire : *Mittite ambo hanc rem* : il y avait donc un débat sur une chose corporelle. Ce que le § 17 dit du cas où l'objet revendiqué ne peut être lui-même apporté *in jus*, confirme encore dans l'idée que l'hérédité y pouvait être représentée par une chose de la succession. Un trait fort singulier de la procédure *sacramento* est la provocation réciproque des parties à déposer une somme d'argent, fixée par la loi, que celle qui succombera devra abandonner au profit des *sacra publica* (1). Ce qui est surtout notable, c'est le but que Gaius semble assigner à ce *sacramentum : Deinde eadem sequebantur quæ quum in personam ageretur....* On voulait ramener à une double question d'obligation tout débat engagé sur la propriété pour que le rôle du juge fût strictement limité. La seule question qui lui sera soumise est celle-ci : le *sacramentum* d'un tel est-il *justum* ou *injustum?* Et puisque la provocation au *sacramentum* a été réciproque, l'une des parties devant gagner, l'autre perdre, la double question d'obligation aboutit toujours à une seule condamnation, soit du demandeur, soit du défendeur. N'y a-t-il pas là, bien que le résultat fût sans contredit étranger aux actions de la loi, le germe du principe du système formulaire : *Etsi aliquod corpus petamus ad pecuniariam æstimationem condemnatio concepta est?...* (G., 4, § 48.)

La procédure *in jure* n'était pas terminée par les promesses du *sacramentum*. A l'origine, le procès commençant par une rixe, la possession elle-même étant l'objet d'un véritable débat, le préteur devait fixer le rôle des parties en attribuant la possession intérimaire probablement à celle dont le droit lui paraissait le mieux fondé, à condition qu'elle offrît des garanties suffisantes: *Prædes litis et vindiciarum.... id est locupletes satisdatores.* (Asconius, cap. 45, *in Verr. de Præt. urb.*) Ce

---

(1) Dans la suite, au lieu d'une consignation réelle, les parties pouvaient faire une simple promesse *prædesque prætori dabantur;* mais le Trésor public avait toujours droit au *sacramentum injustum.*

règlement du possessoire est habilement mis à profit par le magistrat : on peut voir dans une intervention du même genre l'origine des *bonorum possessiones*. — L'état intérimaire étant fixé, le *judicium* se déroulait, non pas devant un simple particulier, mais devant le tribunal des Centumvirs. Je crois inutile de rechercher quelle juridiction devait être saisie avant l'établissement des Centumvirs ; je passe donc sous silence les *judicia regia*, le collége des Pontifes et même la juridiction des Décemvirs. Si, en effet, à l'époque de Cicéron, les Décemvirs connaissaient encore de quelques questions d'état (*Pro Cecina*, n° 33), tout prouve qu'ils étaient dessaisis de la compétence en matière de pétition d'hérédité. Il me paraît également inutile de prendre parti sur le point de savoir si le tribunal centumviral remonte à l'organisation de Servius Tullius, ou date seulement de l'époque où le nombre des tribus fut porté à trente-cinq. Le seul point important à relever au sujet de la juridiction des Centumvirs, c'est la cause du prestige qu'elle garda longtemps. A une époque où plusieurs magistratures étaient encore exclusivement patriciennes, on sait que des plébéiens siégeaient parmi les Centumvirs ; leur justice était donc populaire ; elle était, de plus, imposante. Longtemps, au témoignage de Festus, le nombre des Centumvirs fut de cent cinq ; du temps de Pline, il était de cent quatre-vingts : plusieurs textes apprennent qu'ils étaient répartis en quatre sections, présidées par les ex-questeurs. Si l'on ajoute que les Centumvirs siégeaient à Rome, on s'expliquera que leur compétence ait été mise à l'abri de tout empiétement : cette compétence comprenait surtout les questions de propriété, d'état et d'hérédité ; l'*hasta*, emblème de la propriété romaine, était plantée dans le lieu où se réunissaient les Centumvirs. De nombreux textes attestent cette compétence pour la pétition d'hérédité. (Plin., *Epist.* VI, 33 ; Cic., *de Orat.* III, 10, 3 ; Paul, *Sent.* V, 16, 2 ; L. 12, C. 3, 31.) Le tribunal des Centumvirs jugeait que le *sacramentum* de l'une des parties était *injustum*, et, si c'était celui du défendeur, il en résultait reconnaissance de la qualité d'héritier du demandeur et restitution en nature des choses héréditaires. (G., 4, 48.)

N° 2. — *Procédure de la Pétition d'hérédité sous le système formulaire.*

Pendant toute la durée de la République, les Romains montrèrent un très-profond respect pour leurs institutions nationales : malgré leur excessive subtilité, les actions de la loi restèrent longtemps en usage, jusqu'à la date assez peu précise de la loi *Æbutia* et des deux lois *Juliæ ;* cette procédure devenue odieuse fut encore maintenue devant la juridiction presque sacrée des Centumvirs, et continua de s'y observer tant que le droit romain ne fut pas arrivé à son plus complet développement. (G. 4, § 31.)

Alors le tribunal centumviral tombe dans une telle décadence qu'on ne saurait fixer la date même approximative de sa disparition : il n'en faut pas donner d'autre cause que le maintien de la procédure des actions de la loi ; les dangers qu'elle faisait courir aux parties si elles n'observaient pas strictement les formalités prescrites,

la nécessité onéreuse du *sacramentum* firent déserter
les Centumvirs dès qu'une autre voie fut ouverte. Il
faut même, pour comprendre l'existence des Centumvirs au temps de Gaius, supposer que parfois peut-être,
lorsque la valeur de l'hérédité était considérable, leur
compétence fut imposée aux plaideurs. Cette conjecture
cependant a contre elle, dans une certaine mesure, les
textes suivants (G., 4, 31 et 95, Pline, *Epist.* V, 1) :
*Cum ceteris subscripsit centumvirale judicium mecum
non subscripsit.* — Quoi qu'il en soit, le respect porté
au tribunal centumviral n'empêcha pas que le préteur,
par une bizarre, mais peut-être intentionnelle contradiction, ne permît à un juge, simple particulier, de
connaître de la pétition d'hérédité ; ce procédé peut
étonner quand on fait attention qu'une exception préjudicielle s'opposait à ce qu'aucune juridiction pût préjuger une question de la compétence des Centumvirs.
Devant ce *judex privatus*, les parties purent s'affranchir
des formes rigoureuses des actions de la loi ; elles furent
cependant soumises à une procédure, établie à l'image
du *sacramentum,* dite *per sponsionem*, parce que le demandeur stipulait du défendeur une somme d'argent
pour le cas où sa prétention serait fondée ; la question
d'hérédité, comme sous l'*actio sacramenti*, était donc
réduite à une question d'obligation, le juge examinait si
la *sponsio* était due par le défendeur. Mais, à la différence du *sacramentum*, cette *sponsio* n'était pas pénale,
elle était fictive ; c'est ce que dit Gaius : *Præjudicialis
est et propter hoc solum fit ut per eam de re judicetur ;*
le juge s'en tenait à la question d'obligation, et, en
principe, ne condamnait qu'à une somme d'argent

le possesseur de l'hérédité. A la différence encore de ce que j'ai dit sur l'*actio sacramenti*, il y a dans la procédure *per sponsionem* un demandeur et un défendeur : celui qui possède est toujours défendeur. L'attribution provisoire de la possession par le préteur a donc cessé, ou, plutôt, il a fait du règlement de la possession, au cas de débat, une procédure distincte, celle des interdits. Lors même que la possession n'est pas contestée en fait, le défendeur doit, pour la garder, fournir la caution, *pro præde litis et vindiciarum ;* sinon l'interdit *quam hereditatem* transfère la possession au demandeur. (Ulp., *Frag.* Vindobon.)

Voilà donc deux formes sous lesquelles peut, du temps de Cicéron (*in Verr.*, 1, 45), se produire la pétition d'hérédité : 1° procédure de l'*actio sacramenti* et compétence des Centumvirs ; 2° procédure *per sponsionem* avec renvoi devant un simple particulier comme juge. A la même époque (Cic., in *Verr.*, 2, 12), on pouvait revendiquer non-seulement dans ces deux formes, mais encore dans celle de la *formula petitoria*. Le silence que garde Cicéron sur l'application de la *formula petitoria* à la pétition d'hérédité fait croire que, de son temps, elle n'y avait pas encore été étendue. Plus tard, cette *formula* obtient une grande faveur ; elle est usitée pour toutes les actions réelles. (G., 4, 91.) C'est elle dont l'emploi est supposé pour la pétition d'hérédité dans les textes d'Ulpien, de Paul et de Papinien. Il n'est pas trop téméraire de croire que le tribunal centumviral ne retenait plus alors que les questions de *querela inofficiosi testamenti :* tous les textes, en effet, parlent de l'*unus judex*, et c'est à lui que le sénatus-consulte

Juventien, rendu sous Adrien, a prescrit des règles sur les effets de la pétition d'hérédité.

Le demandeur qui choisissait la formule pétitoire soutenait, sans aucun détour, sa qualité d'héritier : sa prétention n'était plus déguisée sous la forme d'une obligation ; et, toutefois, la condamnation restant pécuniaire, c'est vraisemblablement qu'on sous-entendait une question d'obligation. Dans la procédure *per formulam petitoriam*, la caution du défendeur, *pro præde litis et vindiciarum*, était remplacée par la *cautio judicatum solvi* (*D.*, 46, 7), dont les trois chefs étaient : *De Re defendenda, De Re judicata, De Dolo malo* (L. 6, h. t.) Enfin, la pétition d'hérédité, pas plus lorsqu'elle est intentée *per formulam petitoriam* que lorsqu'elle l'était par l'*actio sacramenti*, ne pouvait être préjugée par aucune autre action. Cette particularité, empruntée au premier système de procédure, tenait à la grande et légitime influence des Centumvirs ; elle a été conservée pour des causes différentes : d'abord l'importance que présentent en général les contestations sur l'hérédité ; puis l'intérêt qu'il y a à limiter le nombre des procès dans l'intérêt des défendeurs.

N° 3. — *Procédure de la Pétition d'hérédité sous le système de procédure extraordinaire.*

La pétition d'hérédité ne figure pas au nombre des cas de *cognitiones extraordinariæ* du système formulaire. En effet, le magistrat renvoyait toujours les parties devant un juge, et la *petitio per formulam arbitrariam* fut même reçue plus tard pour l'hérédité que pour la revendication. Mais à l'époque de Dioclétien, la *cognitio extraordinaria* a supplanté la procédure formulaire d'une façon absolue : la distinction du *jus* et du *judicium* est supprimée. Malgré ce changement qui semble fondamental, les anciennes dénominations de la procédure sont conservées : on parle de formules, d'exceptions comme en plein régime formulaire. Justinien lui-même autorise à ne pas tenir grand compte de la nouvelle organisation judiciaire en reproduisant dans les Pandectes, sans aucun changement, les questions de procédure agitées par les jurisconsultes de l'époque classique.

Je dois ajouter à cet exposé de la procédure quelques notions sur la compétence de la pétition d'hérédité : comme dans toutes les actions réelles ou personnelles, le tribunal du domicile du défendeur était compétent à l'époque formulaire. En est-il de même dans le droit du Bas-Empire ? On pourrait en douter, à cause d'une constitution de Valentinien, Théodose et Arcadius (L. 3, C. 3, 19), qui établit la compétence du tribunal de la situation dans les actions réelles. Mais il me paraît très-contestable que cette loi ait rien modifié au sujet de la compétence de la pétition d'hérédité ; il n'y a pas, à vrai dire, de situation si on considère l'hérédité en elle-même, et le fait qu'une chose déterminée est l'objet de l'action ne doit rien changer à la compétence.

PARTIE PREMIÈRE

FORMULE, NATURE ET CONDITIONS D'EXISTENCE DE LA PÉTITION D'HÉRÉDITÉ.

Section première

Nature et Formule de la Pétition d'hérédité.

D'après ce que j'ai dit, la pétition d'hérédité est une action qui dérive du droit civil, dont, par suite, la formule est ainsi conçue *in jus* : *Judex esto, si paret hereditatem Titii qua de agitur ex jure Quiritium Auli Agerii esse, nisi arbitrio tuo restituat, quiquid Numerius Negidius, pro herede vel pro possessore possidet, quanti ea res erit judex, Num. Negidium, A. Agerio condemnato, si non paret absolvito.*

A la simple vue de la formule, il semble que le caractère de l'action en pétition d'hérédité ne peut faire aucun doute : en effet, dans la partie où le demandeur expose sa prétention, dans l'*intentio*, le nom du défendeur ne figure pas ; et c'est là le signe distinctif de l'*actio in rem* sous le système formulaire. Cependant, la nature de la pétition d'hérédité fait l'objet, entre les interprètes, d'une discussion très-délicate. Plusieurs, Cujas et Voët à leur tête, pensent que la pétition d'hérédité n'est pas purement réelle et qu'elle doit être rangée parmi les actions mixtes. En disant qu'elle est une action mixte, on n'entend pas généralement, dans cette opinion, assimiler la pétition d'hérédité aux actions *tam in rem quam in personam* du § 20, 4, 6, *Inst.*

Que ces actions doivent leur qualification à ce que le juge y serait, malgré leur caractère de personnalité, appelé à trancher parfois une question de propriété, ou à ce que le résultat apparent de l'adjudication serait le même que celui de la constatation du droit de propriété, ou, enfin, à ce que ces actions, principalement *in personam*, participent cependant des actions *in rem*, en ce qu'elles ne sont données qu'autant que le défendeur est en possession ; il faut reconnaître que la pétition d'hérédité a une nature toute autre, car elle n'admet pas l'*adjudicatio;* et la condition de possession, exigée du défendeur, n'est pour elle que la conséquence de son caractère incontestable de réalité. A quel point de vue a-t-on donc pu dire que la pétition d'hérédité fût une action mixte? Le nom seul de *petitio* semble repousser cette manière de voir, puisque : 1° *actio in rem proprie petitio dicitur, actio in personam actio* (1); 2° l'*intentio* de la formule ne contient pas le nom du défendeur; 3° puisque enfin la succession ayant conféré au demandeur la qualité de propriétaire, la pétition d'hérédité a le but de l'*actio in rem, per quam rem suam petit quœ ab alio possidetur.* (L. 25, 44, 7.)

Ce sont là des raisons qui me paraissent décisives en faveur du caractère purement réel de la pétition d'hérédité. On a objecté la constitution de Dioclétien (L. 7, 3, 31, C.), où elle est appelée *mixta personalis actio.* On a ajouté que si la pétition d'hérédité tend à la restitution des choses héréditaires dont le demandeur a

---

(1) Le mot *petitio* désigne toute action réelle, mais plus spécialement celle qui a pour objet un ensemble; *vindicatio* convient mieux à l'action qui a pour objet des choses isolées.

acquis la propriété en vertu de sa qualité d'héritier, elle comprend aussi la restitution de choses sur lesquelles le défunt n'a jamais eu de droits, ce qui ne pourrait s'expliquer que par un élément de personnalité de l'action. Enfin, a-t-on dit, il est si vrai que la pétition d'hérédité est mixte que c'est la durée de l'action personnelle, et non pas celle de l'action réelle, qui fixe la durée de la pétition d'hérédité elle-même. — Ces arguments ne manquent pas de gravité, surtout celui tiré de la loi 7, C. 3, 31 ; les partisans de la réalité exclusive ont tenté plusieurs réponses. M. de Savigny en propose deux, l'une au § 209, l'autre à l'app. XIII, ch. IX : — 1° l'action aurait été dite *mixta personalis*, parce que la personne du défendeur est plus limitée que dans les autres actions *in rem*. Cette explication n'est pas satisfaisante. Qu'importe que l'on puisse déterminer d'une façon plus ou moins précise quel sera le défendeur à l'action, du moment où l'*intentio* de la formule ne mentionne pas le nom du défendeur ? N'est-ce pas à elle seule qu'il faut demander la nature des actions ? — 2° dans l'app. XIII, ch. IX, M. de Savigny, au contraire, semble incliner à l'opinion de Doneau, qui réfute d'une façon fort ingénieuse l'argument tiré de la loi 7 au Code 3, 31, en la rapprochant de la loi 25, § 18, 5, 3, D. : — *Petitio hereditatis etsi in rem actio sit habet tamen præstationes quasdam personales.* Ces prestations dont on arguë pour fonder la personnalité, au moins accessoire, de la pétition d'hérédité, servent ici de réponse : si elles devaient influer sur la nature des actions et faire regarder comme mixtes celles où elles se rencontrent, la revendication elle-même (L. 36, § 1, 6, 1) deviendrait une action mixte. Il est vrai qu'il y a en plus dans la pétition d'hérédité, que certaines de ces prestations sont dues non pas *ex officio judicis* comme dans la revendication, mais en vertu de la nature de l'action. — Si cela est vrai, on peut rétorquer l'argument et dire que les prestations personnelles viennent en raison de ce que l'action est universelle, et non de ce qu'elle est personnelle. — On a essayé encore une autre explication des mots *mixta personalis* : la pétition d'hérédité peut s'intenter contre les *possessores juris*, ainsi contre les débiteurs de la succession, qui se prétendent héritiers, et, comme tels, libérés par confusion : l'action met alors en exercice, outre le droit réel du demandeur sur l'*universum jus*, le droit d'obligation contre le défendeur; c'est-à-dire que la pétition d'hérédité joue le rôle de l'action personnelle en empruntant à celle-ci plusieurs de ses effets. — Il me paraît tout à fait improbable que Dioclétien ait qualifié l'action en vue de l'hypothèse toute exceptionnelle où le débiteur héréditaire y est défendeur. — Pourquoi ne pas admettre que Dioclétien emploie une locution inexacte? Ce qui eût été un témoignage grave sous la plume d'un jurisconsulte ne doit pas avoir la même importance à l'époque où s'achève la transition du système formulaire à la procédure extraordinaire. Il est certain qu'à l'époque classique l'idée d'action mixte était inconnue forcément; le nom du défendeur ne pouvait pas être ou n'être pas dans l'*intentio*. — La constitution de Dioclétien n'est pas assez explicite pour faire croire à un changement dans l'appréciation de la nature de la pétition d'hérédité : elle n'a d'ailleurs aucune allure d'innovation. Peu importe en quel sens Dioclétien a dit de la pétition d'hérédité qu'elle était *mixta personalis :* peut-être n'at-il employé ces expressions que pour faire ressortir que sa durée n'est pas celle des actions réelles, mais celle des actions personnelles. Enfin, à cette qualification douteuse de la loi 7, C. 3, 31, on peut opposer celle d'*actio in rem* appliquée par plusieurs textes à la pétition d'hérédité. (L. 27, § 3, 6, 1 ; L. 25, § 18, 5, 3. — *Arg.*, L. 1, 6, 1.)

En qualité d'action réelle, la pétition d'hérédité était arbitraire ; mais Justinien, au § 28 *Inst.*, 4, 6, sans mentionner ce caractère, met la pétition d'hérédité au nombre des actions de bonne foi ; il affirme que la Loi 12 C. 3, 31, a fait cesser, à cet égard, une controverse qui s'était élevée entre les jurisconsultes. C'est une assertion qu'il ne faudrait pas prendre à la lettre, bien que Cujas et Voët n'aient pas songé à la suspecter. Les jurisconsultes n'avaieut jamais discuté sur le point de savoir si la pétition d'hérédité était une action de bonne foi ou de droit strict, car cette division des actions ne s'appliquait qu'aux actions *in personam*, et encore non pas à toutes. Justinien s'est donc mépris sur la portée de la controverse des jurisconsultes : Paul, Javolenus, Scævola, avaient imaginé d'appliquer à la *petitio hereditatis* le principe des actions de bonne foi, que l'*exceptio doli* est sous-entendue dans la formule. (L. 38, 44, 58 — 5, 3.) Papinien et Gaius (L. 50, § 1, 39 § 1 — 5, 3) repoussaient cette opinion. Justinien, en décidant que la *petitio hereditatis* serait une action de bonne foi, a cru adopter l'opinion des premiers jurisconsultes ; il a été beaucoup plus loin (§ 28 *Inst.* 4, 6. — L. 12 C.

3, 31); Paul et Javolenus ne rapprochaient la pétition
d'hérédité des actions de bonne foi qu'au point de vue
de la dispense d'insérer l'exception de dol dans la formule; — ils la régissaient certainement d'après les
principes des actions *in rem*; ainsi ils faisaient subir
au demandeur la déchéance de la *plus petitio*, s'il réclamait la totalité de la succession, alors qu'il n'avait
droit qu'à une partie seulement. Il ne faudrait pas
croire, toutefois, que les jurisconsultes n'aient pas été
conduits à sous-entendre l'*exceptio doli* à cause de
l'analogie que la pétition d'hérédité offre avec les
actions de bonne foi : l'action de bonne foi a lieu
quand il y a des obligations réciproques ; de même,
dans la pétition d'hérédité, il y a des comptes mul-
tiples à régler, par suite desquels, comme dans les
actions de bonne foi, le demandeur peut se trouver
tenu envers le défendeur : mais ce n'était là qu'une
analogie éloignée, car l'action de bonne foi a pour
essence l'appréciation, *ex aequo et bono*, d'un rapport
d'obligation, et l'examen de la question d'hérédité ne
se prête pas à cette latitude d'appréciation de la part
du juge. M. de Savigny (*App*. XIII, ch. 9), qui s'est
préoccupé de prouver que toute action *in rem* est aussi
libre que l'action de bonne foi, accepte comme exacte
cette dénomination donnée à la pétition d'hérédité. Il
l'explique en disant que, d'abord, le juge doit rejeter
la demande si le défendeur ne possède pas, bien que
cela ne soit pas expressément dit dans la formule;
qu'ensuite, la sentence était susceptible de la même
extension que s'il se fût agi d'une action de bonne foi
véritable, dérivant *ex contractu*. Mais il n'est pas exact

de dire que la formule ne fait pas mention de la possession du défendeur : la formule étant *in rem*, la
condamnation est subordonnée à la condition que le
défendeur ne restituera pas; cette condition est expri-
mée dans la formule, et il est bien évident que, pour
restituer, il faut posséder. Quant à l'extension de la
sentence qu'invoque M. de Savigny, elle s'explique
mieux par le caractère universel de l'action que par
l'idée d'un pouvoir du juge *ex aequo et bono*.

Au même point de vue des pouvoirs du juge, la pétition d'hérédité était arbitraire; c'est-à-dire qu'il rentre
dans l'*arbitrium* du juge de ne pas condamner si le défendeur se soumet à l'ordre qui lui est enjoint de restituer. On discute sur le point de savoir dans quelle
partie de la formule se trouvait le *jussus* du juge : il
est probable qu'il se trouvait dans l'*intentio*; car il
doit y avoir condamnation dès que l'*intentio* est véri-
fiée. Dépendait-il du défendeur de se soumettre ou de
résister au *jussus* du juge? n'était-il pas, au contraire,
exécutoire *manu militari*? La question est fort controversée; je ne la discuterai pas, les textes invoqués dans
l'un et l'autre sens supposant tous l'exercice d'une
action *in rem* spéciale. Je me borne à dire que l'exécution forcée du *jussus* me paraît devoir être admise
pour l'action *in rem specialis* et *a fortiori* pour la pétition d'hérédité : *a fortiori*... car du moment où l'usucapion *pro herede* fut impuissante contre l'*heres*, il me
paraîtrait difficile d'admettre que le défendeur à l'hérédité pût, par sa résistance injuste, obliger le demandeur, qui aurait prouvé son droit héréditaire, à se contenter d'une somme d'argent.

En quel sens disait-on, par opposition à la revendication, que la pétition d'hérédité était une action universelle ? Lorsqu'on revendique une chose déterminée, dans l'*intentio* se trouve la seule question soumise au juge, la seule dont il puisse tirer une condamnation : le *quanti ea res erit* dans l'*actio in rem specialis* indique la corrélation nécessaire que doit avoir la *condemnatio* avec l'*intentio*. La nature de la chose réclamée dans la pétition d'hérédité fait que, le principe étant le même, le résultat est cependant opposé : le demandeur soutient que la *successio in universum jus defuncti* lui appartient ; l'hérédité est considérée comme une chose incorporelle, indéterminée, distincte des choses corporelles qu'elle comprend. Dès lors, peu importe ce que possède le défendeur, l'*intentio* étant *hereditatem Titianam meam esse* : tout ce que le défendeur ne possède pas lors de la *litis contestatio*, et qui lui arrive ensuite, doit faire partie de la *condemnatio ;* le juge devrait même condamner, bien que, lors de la rédaction de la formule, le défendeur ne possédât aucune des choses héréditaires s'il est ensuite devenu possesseur. C'est par allusion à cet effet, qui n'est pas le seul résultant de l'objet de la demande, que la pétition d'hérédité a été très-exactement qualifiée, par opposition à la *rei vindicatio*, action universelle.

On vient de voir que la pétition d'hérédité ne s'apprécie pas d'après la possession du défendeur. Si donc le demandeur encourt la *plus petitio*, ce ne sera pas pour avoir réclamé du défendeur plus qu'il ne possède, mais pour avoir exagéré son propre droit. Aussi la pétition d'hérédité totale suppose que le demandeur pré-

tend avoir un droit exclusif sur l'hérédité, et non pas
que le défendeur est possesseur de toute l'hérédité.
La pétition d'hérédité partielle est celle qu'exerce l'héritier qui reconnaît dans son adversaire un cohéritier
dont le droit vient limiter le sien, alors même que ce
cohéritier détiendrait tous les biens héréditaires. Il est
bien entendu que l'on entend ici, par partie de l'hérédité, une part indivise; l'hérédité, même partagée à
l'amiable entre plusieurs personnes, n'étant pas possédée par elles *pro diviso*. Les règles particulières à la
petitio hereditatis pro parte forment l'objet d'un titre
spécial au Digeste, liv. V, tit. 4. Les deux titres suivants sont consacrés à des actions introduites par le
préteur en faveur du *bonorum possessor*, ou du fidéicommissaire, à l'image de la pétition d'hérédité. La
pétition d'hérédité est aussi donnée comme action utile;
c'est-à-dire en supposant l'existence d'un fait ou d'une
qualité non réels, ou en déduisant d'un fait réel des
conséquences qui n'y étaient pas attachées par le droit
civil. Gaius parle de la pétition d'hérédité donnée ainsi
par fiction au *bonorum possessor,* qui agit *ficto se herede;* je viens de dire que le *bonorum possessor* avait
aussi une action prétorienne distincte, la *petitio hereditatis possessoria.* Je renvoie, sur tous ces points, mes
développements après que j'aurai terminé avec la pétition d'hérédité civile.

Il me reste à parler d'un cas où la pétition d'hérédité se présente dans des circonstances particulières
et avec des caractères intrinsèques assez tranchés
pour que nombre d'auteurs aient nié qu'il y eût alors
une pétition d'hérédité; je veux parler de la *querela*

inofficiosi testamenti. Vinnius nous apprend que, dans l'opinion généralement reçue de son temps, et qu'il repousse (*Jur. Quæst.*, liv. I, cap. 19), la *querela* était regardée comme une action préparatoire à la pétition d'hérédité, de même que l'*actio ad exhibendum* l'est par rapport à la *rei vindicatio*. A l'appui de cette thèse, Accurse présentait plusieurs arguments : 1° la pétition d'hérédité est donnée contre les possesseurs *pro herede* ou *pro possessore*, qui n'ont en réalité aucun droit à la succession, tandis que la *querela* compète contre l'héritier institué ; 2° la *petitio hereditatis* est donnée *ab intestato* ou *ex testamento* à l'*heres*, ou, dans le droit prétorien, au *bonorum possessor;* le *querelans*, au contraire, n'est ni héritier du droit civil ni successeur prétorien ; 3° le père pourrait, au nom de son fils, intenter malgré lui la pétition d'hérédité de la succession de son aïeul maternel ; mais il ne peut, au refus du fils, intenter la *querela* lorsque cet aïeul maternel a omis le fils. Cette dernière objection ne doit pas arrêter, parce qu'en disant que la *querela* est une espèce de pétition d'hérédité, on n'entend pas soutenir qu'elle n'ait pas quelques règles propres : « Les règles particulières de la *querela* sont des conséquences de ce que celui qui intente cette action poursuit deux buts : la revendication d'une succession ab intestat, et la réparation publique et solennelle de son honneur compromis par le testament. » (M. Vernet, p. 96, *Quot. disp.*) Or, dans l'espèce qu'on propose, le fils omis pardonnant une injure personnelle, le père ne peut agir contre sa volonté ; c'est le fils qui, lui, pourrait former sa plainte contre la volonté du père. (L. 22, pr. et § I, —

5, 2.) C'est aussi parce que la *querela vindictam spi-
rat*, qu'elle est soumise à certaines causes d'extinction, étrangères à la pétition d'hérédité ordinaire, et que
le refus de l'exercer ne peut donner lieu à aucune critique de la part des créanciers ou du patron. (L. 1,
§§ 7 et 8, — 38, 5. — M. Vernet, p. 98.)

Quant aux deux premières objections, une même réponse suffit : il y a pétition de principe à dire que la *querela* est donnée contre le *verus heres* à la différence de
la pétition d'hérédité ; sans doute la *querela* est dirigée
contre l'*heres* civil ou le *bonorum possessor*, mais en
vertu d'un testament dont le *querelans* conteste la
validité ; or, n'est pas *verus heres* celui qui fonde cette
qualité sur un testament inofficieux. Pas plus dans la
querela que dans la pétition d'hérédité, le demandeur
ne reconnaît comme valide le titre de son adversaire ;
et parce qu'il espère bien triompher, le *querelans* doit
être considéré comme demandant l'hérédité ab intestat.
Le silence des *Institutes* sur la *querela*, comme cause
d'ouverture de la succession ab intestat, ne saurait
prévaloir contre des principes aussi certains, confir-
més, d'ailleurs, par des textes où la *querela* est formellement appelée une pétition d'hérédité ; ainsi **L.** 20
in fine, — 37, 4.

L'analyse de la formule de l'action en pétition d'hérédité va maintenant donner l'idée des questions soumises au juge. La pétition d'hérédité, comme toute
actio in rem, n'a pas de *demonstratio ;* la première partie
de sa formule est donc l'*intentio* conçue *in jus : Si
paret hereditatem Titianam qua de agitur ex jure quiritium Auli Agerii esse...* Il faut donc rechercher tout

d'abord, pour répondre à cette *intentio,* à qui est donnée l'action en pétition d'hérédité. La deuxième partie de la formule est la *condemnatio.* Sa première partie provoque deux questions : 1° quel doit être le titre de la possession du défendeur à la pétition d'hérédité? 2° quelles restitutions le défendeur qui succombe doit-il faire?... *Quidquid... possidet...* — La deuxième partie de la *condemnatio* est le *quanti ea res erit,* le montant de la condamnation qu'il est dans l'office du juge d'arbitrer, en raison des prestations personnelles que les parties peuvent réciproquement se devoir. — Très-vraisemblablement l'*intentio* pouvait à elle seule constituer la formule sans être suivie d'une *condemnatio* (G., 4, 44), quand le demandeur voulait simplement faire la preuve de son droit, sauf à en tirer plus tard des conséquences qu'il était peut-être de son intérêt de ne pas déduire immédiatement en justice. La formule, ainsi simplifiée dans l'intérêt du demandeur, s'appelait *praejudicium;* il ne faut pas confondre ce *praejudicium* avec l'exception dans l'intérêt du défendeur, dite *praejudicium hereditati non fiat.*

Section II

Des Conditions d'existence de la Pétition d'hérédité directe.

§ 1. — Conditions requises dans la personne du demandeur.

Comme dans toute autre action, le demandeur à la pétition d'hérédité doit faire la preuve de son droit, établir que l'hérédité lui est dévolue par les dispositions du droit civil ; or l'hérédité (L. 62, — 50, 17), *Nihil aliud est quam successio in universum jus quod defunctus habuerit;* elle suppose donc que le défunt avait un patrimoine, c'est-à-dire était père de famille, ou fils de famille qui a testé sur son pécule castrense. Peu importe que l'héritier du droit civil soit institué ou vienne ab intestat. S'il est institué, la preuve que le testament réunit toutes les conditions pour produire effet lui incombe; ce serait cependant au défendeur à prouver que le testament, valable en la forme, est rompu par la confection d'un testament postérieur. Au cas de pétition ab intestat, la vocation du demandeur peut venir de la loi des Douze-Tables ou des législations successives qui, jusqu'à Justinien, ont en si grand nombre modifié le droit successoral. Je n'ai même pas ici à en présenter le tableau, la question de dévolution ab intestat étant en dehors de la matière de la pétition d'hérédité.

Celui qui veut conserver le droit d'arriver à la succession ab intestat doit avoir soin de ne pas accepter de l'héritier institué un legs que le testament contiendrait à son profit. Un rescrit d'Antonin, rapporté par Paul, voit dans cette acceptation la ratification de la volonté du défunt; il excepte seulement le cas où l'héritier a reçu le legs dans l'ignorance des vices dont le testament était infecté. (L. 8 et 43, — 5, 3; — L. 77, — 29, 2.) Dans ce dernier cas, le demandeur à la pétition d'hérédité devra rendre le legs qu'il a reçu, mais avec promesse que, s'il succombe, il lui sera restitué. Si le défendeur refusait de donner cette garantie, le demandeur pouvait garder le legs (L. 44, — 5, 3), sauf, s'il triomphait, à le déduire du montant de la condamnation.

La pétition d'hérédité ne pourrait être déniée à l'héritier ab intestat parce qu'il aurait déjà succombé dans la poursuite de faux contre l'héritier institué en vertu d'un testament nul en la forme ; il n'y a pas dans l'accusation de faux et dans la demande en nullité pour vice de forme, *eàdem causa petendi* : l'*exceptio rei judicatae* ne peut donc pas être opposée. (L. 47, — 5, 3.) On a prétendu, à tort, que la loi 19, — 38, 2, était contraire : ce texte suppose qu'un patron est institué pour une part moindre que sa part légitime ; il arguë de faux le testament de son affranchi, et succombe. Il ne peut ensuite, décide Ulpien, demander la *bonorum possessio contra tabulas*. Mais il y a ici un motif tout particulier : le patron a d'abord repoussé la part d'hérédité qui lui était offerte ; il ne doit pas être reçu à demander le complément de cette part au moyen de la *contra tabulas*. Il ne faudrait pas chercher à expliquer la loi 19 en disant qu'il y a contradiction entre ses deux demandes ; que l'une procède *ab intestato*, l'autre *ex testamento*, car on admet la *querela* de celui qui a d'abord échoué dans son accusation de faux, et cependant la *querela* implique l'aveu que le testament est *jure factum*.

Le droit à l'hérédité du demandeur peut être né en sa personne, ou en celle de son esclave, ou de son fils de famille qui, sur son ordre, ont fait adition ou des actes d'héritier. Ces manifestations de volonté ne seront même pas nécessaires si le demandeur est l'affranchi du *de cujus*, d'après le testament où il est aussi institué héritier, ou s'il est fils *in potestate*. Il peut encore n'avoir jamais été appelé à l'hérédité, mais l'avoir recueillie comme faisant partie de celle qui lui est déférée. (L. 3, — 5, 3.

— L. 65, — 50, 16.) Il faut, pour que cette transmission de l'action s'accomplisse, que l'héritier externe auquel a succédé le demandeur ait fait adition ou acte d'héritier, ou qu'à défaut cet héritier ait intenté la pétition d'hérédité et l'ait conduite, avant sa mort, jusqu'à la *litis contestatio.* C'est ainsi qu'il faut concilier avec les textes que je citais le § 4, tit. 13 B, liv. 1 des *Sent.* de Paul; la *litis contestatio* n'est indispensable à la transmissibilité de l'action que si le droit héréditaire a été réalisé par le seul exercice de la pétition d'hérédité.

Anciennement la qualité d'héritier pouvait se fixer de deux autres manières sur la tête du demandeur, bien qu'il n'eût pas été lui-même appelé à l'hérédité : c'est, en premier lieu, par la *cessio in jure* que l'agnat faisait avant l'adition (G., **2**, 34); le cessionnaire devenait ainsi héritier au même degré que l'était son cédant. En second lieu, par le résultat de l'usucapion, la qualité d'héritier pouvait être acquise par une possession qui avait duré une année.

A quelle époque le titre du demandeur, quel qu'il soit, doit-il exister? La règle, à cet égard, est que le demandeur doit être héritier, au plus tard, lors de la *litis contestatio.* (L. 23, — 5, 1.) Si son droit n'a pas alors pris naissance, il n'a rien déduit en justice ; et, sans crainte d'être repoussé par l'*exceptio rei judicatae,* il pourra intenter une nouvelle action : il faut décider ainsi, même au cas où le demandeur acquerrait l'hérédité dans l'intervalle entre la *litis contestatio* et la sentence. (L. 11, § 4, — 44, 2.) Si dans ce cas le juge condamnait le possesseur, il procurerait au demandeur un avantage qu'il n'aurait pas eu si sa sentence avait été rendue aussitôt après la *litis contestatio*. Or, les lenteurs de la justice ne doivent pas nuire aux demandeurs, mais ne doivent pas non plus leur profiter. (De Savigny, t. VI, p. 64.)

Le droit du demandeur, né avant la *litis contestatio*, doit, pour aboutir à une condamnation, subsister jusqu'à l'époque de la sentence ; sinon, faute d'intérêt actuel, le demandeur ne pourrait forcer le défendeur à restituer. Si, cependant, à l'époque où l'usucapion *pro herede* avait lieu contre l'*heres*, le possesseur usucapait pendant le cours de l'instance, le demandeur devait pouvoir obtenir condamnation, par suite du principe d'équité qui veut qu'il soit mis dans la situation où il eût été si la sentence avait suivi immédiatement la *litis contestatio*.

§ 2. — Conditions requises dans la personne du défendeur.

Il ne suffit pas, pour que le demandeur triomphe dans sa pétition d'hérédité, qu'il prouve son droit à la succession, il faut, de plus, qu'il exerce son action contre une personne qui le lui conteste en refusant de se dessaisir de certaines choses héréditaires. Le défendeur doit donc, comme première condition, être possesseur avant la sentence. S'il ne détient rien, toutes les contradictions qu'il peut opposer au droit du demandeur ou toutes les allégations qu'il peut faire de son propre droit à l'hérédité ne causant aucun préjudice à l'héritier, celui-ci serait mal venu à vouloir empêcher qu'elles se produisent (1). Comme deuxième condition, le défen-

(1) On ne peut sérieusement contester cette solution en s'appuyant sur la loi 9 *in fine*, 5, 3. Ce texte n'a pas entendu faire allusion à la prétention

deur doit posséder *pro herede* ou *pro possessore*. (L. 9,
— 5, 3.) Ceci différencie la pétition d'hérédité avec la
revendication donnée contre tout possesseur, quelle que
soit la cause de sa possession, et même contre celui qui,
étant *in possessione*, peut exhiber la chose revendiquée,
sauf quelques précautions dans l'intérêt du véritable
adversaire à la revendication. (L. 2, C. 3, 19.) En outre,
en vertu d'une constitution d'Honorius et Arcadius, et
par une nouvelle exception aux principes généraux, le
défendeur à la pétition d'hérédité est tenu de déclarer à
quel titre il possède (L. 11, — 3, 31); s'il refuse de faire
connaître son titre de possession, on le considérera
comme possesseur *pro possessore.* Que s'il déclare être
seulement *in possessione*, la pétition d'hérédité doit être
accordée contre la personne pour le compte de laquelle
il possède.

La condition de possession au titre *pro herede* ou
pro possessore est absolue. Lorsqu'il paraît y être fait
exception, à cause de la règle *dolus pro possessione est*,
la pétition d'hérédité n'est plus donnée que comme action utile. Il importe donc de définir ces deux titres de
possession qui rendent passibles de la pétition d'hérédité.
Possède *pro herede* celui qui se croit héritier, ou qui,
sachant ne pas l'être, soutient mensongèrement qu'il a
droit à la succession; on ne devrait pas considérer comme
possesseur *pro herede* celui qui, sans prétendre aucun
droit, se contenterait de nier la qualité d'héritier du

fort indifférente de celui qui ne possède rien, par ces mots : *Eum demum
teneri qui jus possidet.* Il est certain qu'ils ont été employés par opposition
au possesseur d'une chose corporelle, et qu'ils n'ont pas d'autre portée que
d'accorder la pétition d'hérédité contre le possesseur d'un droit héréditaire.

demandeur. (L. 42, 5, 3.) Il semble, d'après cela, que le possesseur *pro herede* ne peut pas être le véritable héritier ; cependant Gaius, 4, § 144, nous dit que possède *pro herede tam qui heres est quam is qui putat se heredem esse.* C'est que déjà du temps de Gaius, dans la plupart des cas, sans doute, le *bonorum possessor*, en conflit avec l'*heres* du droit civil, lui était préféré, et sa possession maintenue contre la pétition d'hérédité ; mais, dans quelques cas encore, cette possession du *bonorum possessor*, qui pourtant possède *pro herede*, est *sine re*, c'est-à-dire cède devant la pétition d'hérédité. Ce texte ne prouve donc pas que la pétition directe pouvait être exercée contre le véritable héritier ; d'ailleurs Gaius ne s'y occupe que de l'interdit *quorum bonorum*. — Possède *pro possessore* celui qui, à la question que le demandeur lui adresse sur le titre de sa possession, se contente de répondre : *Possideo quia possideo.* Ce possesseur est en conséquence toujours de mauvaise foi. Ulpien, L. 13, 5, 3, nous dit que le titre *pro possessore* peut s'attacher à tous les titres de possession. En règle, pour qu'on puisse se prévaloir d'un titre de possession, il faut qu'on soit de bonne foi et que le titre soit valable en lui-même, c'est-à-dire qu'il eût été translatif s'il était émané du véritable propriétaire : un tel titre peut alors conduire à l'usucapion. Dans des cas tout exceptionnels, on dispense le possesseur de bonne foi de justifier qu'il a un titre lorsqu'il a eu juste raison de croire qu'il en avait un. Quand il y a *possessio pro emptore, pro dote, pro legato*, etc., la pétition d'hérédité, en principe, n'est pas accordée. Soit le titre *pro emptore*, l'acheteur ne dispute pas l'hérédité, mais la propriété de la chose qu'il dit avoir **achetée**, il ne nie pas que le demandeur soit héritier ; donc, ce n'est pas là pétition d'hérédité que celui-ci doit intenter, car, en thèse générale, pour concevoir une action, il faut supposer contestation réciproque du même droit. Le possesseur qui a un juste titre particulier n'est donc ni possesseur *pro herede*, ni possesseur *pro possessore*, puisqu'il explique sa possession par le droit de propriété. Ne sera-t-il pas, dès lors, facile aux possesseurs, qui devraient être passibles de la pétition d'hérédité, d'y échapper en disant qu'ils possèdent *pro emptore* ou *pro donato*? Ils y auraient grand avantage : le demandeur étant forcé de recourir à la revendication, la preuve qu'il est propriétaire sera bien plus difficile à établir que la preuve de son droit à la succession. L'objection serait donc fondée si le possesseur, qui allègue une cause légitime de possession, ne devait pas indiquer les faits sur lesquels il appuie cette prétention ; le demandeur à la pétition d'hérédité peut, en effet, interroger son adversaire sur son titre de possession, afin qu'il sache si cette action doit procéder ; or, il ne le saura que si le défendeur, sans fournir pour cela aucune preuve, a précisé la nature et l'origine de son juste titre. S'il appert au magistrat que ce juste titre est inventé pour les besoins de la cause, il accordera la pétition d'hérédité contre le possesseur ; mais celui-ci ne sera condamné, même après que le demandeur aura prouvé son droit à la succession, qu'autant qu'il ne pourra justifier d'un juste titre de possession à titre singulier. Peut-être le possesseur devait-il réserver, au moyen de l'insertion d'une exception dans la formule, le droit de fournir cette preuve.

Si les possesseurs, *in causa usucapiendi*, peuvent refuser de défendre à la pétition d'hérédité, à plus forte
raison le propriétaire doit en être affranchi, pourvu
toutefois que sa possession soit antérieure au décès du
de cujus. S'il était entré en possession depuis cette
époque, en vain dirait-il qu'il est propriétaire ; l'héritier
lui répondrait : « Vous ne deviez pas vous faire justice
à vous-même. » Il serait donc forcé de restituer la possession à l'héritier, soit par l'interdit *quorum bonorum,*
soit par la pétition d'hérédité, et il ne pourrait ensuite
exercer son action en revendication que si l'usucapion
n'était pas accomplie.

En quel sens Ulpien a-t-il donc pu dire, L. 13, § 1,
5, 3, que le titre *pro possessore* peut se joindre à tous
les titres ? C'est qu'on possède *pro possessore* quand le
titre quelconque de possession que l'on veut opposer
est nul : avoir un titre nul est la même chose que n'en
avoir pas ; l'usucapion, sauf des cas très-exceptionnels,
n'est alors pas possible. Peut-être y avait-il eu des controverses à ce sujet entre les jurisconsultes ? Quoi qu'il
en soit, Ulpien suppose que j'ai acheté d'un fou sachant
son état de folie : le titre est nul, je possède *pro possessore.* Si l'acheteur n'avait pas connu l'état de folie de
son vendeur, c'était un des cas où la règle *error falsæ
causæ non parit usucapionem* recevait exception ; l'usucapion était permise *utilitatis causa.* (L. 2, § 16, 41, 4.)
Ulpien, dans la loi 13, § 8, 5, 3, donne une décision qui
ne paraît pas bien en harmonie avec celle qu'il donnait
dans la loi 13, § 1 : l'acheteur de mauvaise foi de l'hérédité sera tenu *quasi pro herede*, et non pas comme
possessor pro possessore. J'aurai occasion de revenir sur

ce texte : j'observe seulement que le motif donné par Ulpien, *Nemo enim prædo est qui pretium numeravit,* est beaucoup trop absolu ; il tendrait à renverser la proposition du même Ulpien que le titre *pro possessore* peut s'appliquer au titre *pro emptore* lorsqu'il est nul. Ulpien, dans la suite de la loi 13, § 1, donne d'autres exemples de titres nuls assimilés au titre *pro possessore* : 1° le titre *pro donato* quand le mari a reçu une donation de sa femme, ce titre était nul, et si la donation n'avait pas été renouvelée après le divorce, le mari restait possesseur *pro possessore* ; 2° le titre *pro dote* lorsque la dot a été constituée par une fille impubère... etc. Il faut se demander pourquoi ces possesseurs *pro possessore,* tant ceux qui n'invoquent aucune cause de possession que ceux qui invoquent un titre nul, sont tenus de la pétition d'hérédité. Cujas et Doneau donnent une explication à laquelle il n'est pas possible de s'arrêter. A l'objection que le possesseur *pro possessore* ne se pose pas en contradicteur du droit prétendu par le demandeur à la succession, ces illustres interprètes répondent que, n'alléguant aucun titre, ce possesseur doit être présumé prendre la qualité d'héritier. (Cujas, *Comm. in tit. Cod. de Petit. her.* ; Donel., *de Jur. Civ.,* L. 19, cap. 12.) Cette présomption ne saurait sans injustice être établie contre le *possessor pro possessore :* il peut avouer que le demandeur est héritier, mais dire que l'auteur de cet héritier était lui-même un *prædo* et opposer la maxime : *In pari causa melior est causa possidentis.* Si celui dont le demandeur est héritier avait voulu recouvrer la possession, il eût dû faire la preuve de sa propriété : la situation de son héritier ne peut être différente ; le possesseur *pro possessore* devrait donc pouvoir refuser de défendre à la pétition d'hérédité et renvoyer le demandeur à la preuve de sa propriété. La présomption de Cujas et de Doneau n'est pas conforme à la vérité des faits ; il faut chercher une autre explication : on a proposé de dire que le possesseur *pro possessore* est défendeur à la pétition d'hérédité, parce que, sans se dire héritier, il nie que le demandeur le soit. Ceci n'est pas exact, le possesseur peut, au contraire, reconnaître que le demandeur est héritier, et ne rend pas raison de ce que, si le défendeur soutient que le *de cujus* était un *prædo*, son héritier sera dispensé de faire la preuve de la propriété. De plus, cette deuxième explication est en contradiction flagrante avec les textes lorsque le possesseur est un débiteur héréditaire et non plus un possesseur d'une chose corporelle : ce débiteur n'est pas défendeur à la pétition d'hérédité, par cela seul qu'il conteste le droit de l'héritier. Il faut donc reconnaître que si la pétition d'hérédité se prêtait à l'éviction du *possessor pro possessore* par l'héritier, c'était une anomalie, les prétentions des deux parties ne se contredisant point. On n'en peut donner qu'une raison historique. Tant que l'usucapion *pro herede* fut reçue à Rome avec cette portée que, pendant la vacance, le premier venu pouvait, par un an de possession, acquérir la propriété des choses héréditaires à titre de continuateur du défunt, celui qui disait *possideo quia possideo* paraissait être un adversaire de l'héritier, puisqu'il était en voie d'acquérir à titre d'héritier. Quand, sous Adrien, cette usucapion fut rendue impuissante contre l'héritier, on continua, bien que la cause eût disparu, à donner la pétition d'hérédité contre le *possessor pro possessore*. Ce n'est pas, toutefois, sans motif ; il est équitable, en raison de certaines règles du droit romain, que la pétition d'hérédité soit donnée contre le *possessor pro possessore,* quoiqu'il ne soit plus le contradicteur de l'héritier. En effet, les usurpations des biens de la succession sont d'autant plus faciles et dangereuses à Rome que la possession n'est pas transmise à l'héritier, même après adition, sans une appréhension de fait. Si ceux qui les commettent n'étaient pas tenus de restituer sur la preuve du droit héréditaire fournie par le demandeur à la pétition d'hérédité, il en résulterait que la condition de l'héritier serait, quant à la possession, bien inférieure à celle du défunt : il aurait pu obtenir justice des usurpateurs par la voie des interdits possessoires ; l'héritier ne rentrerait en possession qu'en prouvant le droit de propriété de son auteur. On voit que, quant au possesseur *pro possessore,* la pétition d'hérédité, par une voie détournée, faisait brèche à la règle de l'intransmissibilité de la possession *ipso jure*. Même au possessoire, sur l'interdit *quorum bonorum,* l'usucapion accomplie par le *possessor pro possessore* était rescindée : *Quod... possideres, si nihil usucaptum esset.* Bien que ces mots ne se retrouvent pas dans la formule de la pétition d'hérédité, il est incontestable que celui qui posséderait, s'il n'avait pas accompli l'usucapion *pro herede ,* y serait également soumis. Gaius, § 57, *Com.* 2, et plus encore la loi 7, — 3, 31, Code, ne laissent aucun doute à cet égard.

J'arrive aux difficultés qui s'élèvent sur la distinction des titres *pro herede* et *pro possessore*. — Le défen-

deur, prétendant droit à l'hérédité, peut être de bonne
ou de mauvaise foi. De bonne foi si, héritier institué,
il ignore l'existence d'un testament postérieur contenant
institution du demandeur, ou s'il croit que le *suus
heres* omis est prédécédé. De bonne foi encore, si, héritier ab intestat, il pense être le plus proche parent du
de cujus, ou s'il est héritier d'un *furiosus.* Tant que la
folie n'avait pas cessé, le fou n'obtenait qu'une *bonorum possessio decretalis,* il ne pouvait faire adition ;
s'il mourait dans cet état, le substitué ou le cognat plus
éloigné (L. 51— 5, 3) était reçu à intenter la pétition
d'hérédité contre l'héritier du *furiosus,* mais sa possession et celle de son héritier seront traitées comme pos-
sessions de bonne foi. — Le défendeur peut être de
mauvaise foi ; il semblerait devoir être considéré comme
tel s'il alléguait une erreur de droit qu'il n'eût pas dû
commettre (L. 9, § 3, — 22, 6) : s'il a, par exemple,
connu l'existence d'un cognat plus proche et s'il a
pensé que le préteur lui déférait la succession de préférence à ce cognat, ou s'il a cru régulier en la forme le
testament fait en présence d'un nombre de témoins insuffisant (L. 25 , § 6 — 5, 3). Ces erreurs de droit
paraissent grossières ; toutefois, s'il n'y a pas eu dol,
on les pardonnera au possesseur ; la loi 8, — 22, 26,
en donne la raison : c'est que l'erreur de droit ne peut
pas nuire quand elle est opposée dans le but d'échapper
à une perte ; or, telle est la position du possesseur qui
fonde sa bonne foi sur une erreur de droit.

Celui qui, de mauvaise foi, défend à l'action en disant
qu'il est héritier, est-il possesseur *pro herede* ou *pro
possessore ?* Qu'on résolve cette question dans un sens ou

dans l'autre, il est certain que le défendeur sera soumis
toutes les conséquences de la possession de mauvaise foi.
Nul doute qu'on ne doive pas regarder comme possesseur
pro herede le défendeur qui n'a aucune raison à présenter
à l'appui de sa prétention au titre d'héritier ; mais celui
qui soutient être héritier sans trop d'invraisemblance,
fût-il de mauvaise foi, possède *pro herede*. C'est l'avis
de Proculus, d'Arrien et d'Ulpien. (L. 11 et 12, — 5, 3.)
On pourrait objecter la définition du titre *pro herede*
aux Inst. 4 — 15, § 3, définition empruntée au § 144,
— 4, de Gaius, et la loi 33, § 1 — 41, 3. Pothier
tranche la difficulté avec un peu trop de hardiesse : il
traduit ces mots de la loi 12 : « *Vel per mendacium,* »
par ceux-ci : « *Sive per mendacium hoc contendat.* De
cette façon, Ulpien adopterait l'opinion de Gaius ; mais
Pothier n'explique pas la loi 11, et pour lever une antinomie entre les textes d'Ulpien et de Gaius, il en crée
une entre les lois 11 et 12, — 5, 3 ; *vel,* d'ailleurs, est
toujours employé dans le sens de *même*, et non dans le
sens de *ou*. On a cherché à concilier les lois 11 et 12
avec le § 144 de Gaius, au moyen de l'usucapion *pro
herede*, en se plaçant après le sénatus-consulte d'Adrien,
qui l'a restreinte : Ulpien et Gaius définiraient le titre
pro herede à un point de vue différent. Ulpien se
demanderait quel peut être le titre *pro herede* à l'égard
de tous autres que l'héritier ; le S.-C. d'Adrien n'ayant
pas supprimé l'usucapion *pro herede*, mais l'ayant
seulement fait céder devant la pétition d'hérédité, Ulpien
reconnaîtrait comme possesseur *pro herede* le possesseur même de mauvaise foi. Gaius, au contraire, s'oc-
cuperait du titre *pro herede* en vue de la pétition d'hé-

rédité; or, dit-on, le S.-C. d'Adrien a laissé subsister l'usucapion *pro herede* contre l'*heres* lui-même, lorsque le possesseur a juste raison de se croire héritier : c'est pourquoi Gaius ne parlerait que du possesseur de bonne foi en définissant le titre *pro herede*. Cette conciliation est fort ingénieuse, mais elle est malheureusement en désaccord avec une saine interprétation du S.-C. d'Adrien : il est à peu près certain que l'usucapion *pro herede* a été rendue inefficace contre l'héritier et n'a plus lieu qu'à l'égard des tiers, lors même que le possesseur serait de bonne foi. Si les §§ 56 et 57, *Com.* 2, de Gaius, et surtout la loi 33, § 1, — 41, 3, peuvent, de prime abord, faire penser que l'usucapion lucrative fut seule supprimée par Adrien, c'est-à-dire l'usucapion accomplie contre l'héritier au profit du *prædo*, la formule de l'interdit *quorum bonorum* fournit une raison décisive en sens contraire; et, d'ailleurs, l'usucapion *pro herede* du possesseur de bonne foi était elle-même lucrative, puisqu'elle s'accomplissait, par rapport aux immeubles, au bout d'un délai beaucoup plus court que celui de l'usucapion ordinaire. La loi 20, § 6, — 5, 3, confirme encore dans cette manière d'envisager la portée du Sén.-C. d'Adrien : quant à la loi 33, § 1, — 41, 3, il suffit de remarquer qu'elle est empruntée à Julien, lequel écrivait avant la réforme d'Adrien; elle ne s'occupe, du reste, dans la partie qui pourrait être opposée, que des cas où la règle, *nemo sibi causam possessionis mutare potest* ne peut s'appliquer. Il est vrai qu'après Adrien l'usucapion *pro herede* dut disparaître, même à l'égard des tiers, lorsque le possesseur était de mauvaise foi; mais la conséquence est d'assimiler le possesseur *pro possessore* au possesseur *pro herede* de mauvaise foi ; le texte de Gaius se trouve expliqué,.mais non celui d'Ulpien, qui admet que le possesseur de mauvaise foi peut posséder *pro herede*. Il faut donc repousser la conciliation au moyen de l'usucapion *pro herede* et s'en tenir à l'explication de Doneau. (Lib. XIX, cap. 12, § 24.) Tantôt le possesseur de mauvaise foi *pro herede* ressemble plus au possesseur *pro herede* de bonne foi qu'au possesseur *pro possessore ;* tantôt, au contraire, il se rapproche plus de lui que du possesseur de bonne foi : Ulpien s'arrête au premier rapport, Gaius au second. Au début du procès, le possesseur de mauvaise foi *pro herede* se sépare du *possessor pro possessore* en ce qu'il allègue un titre et ne se met pas seulement à l'abri derrière le fait de la possession ; ce n'est qu'à l'issue du *judicium* qu'on saura s'il a fait une. résistance injuste ou s'il était convaincu que le titre d'héritier lui appartenait ; Ulpien tient compte de cette incertitude du début du procès pour dire que le possesseur *pro herede* peut être de mauvaise foi. Gaius, au contraire, juge les titres de possession par le résultat ; or, il est certain que, dans l'*officium* du juge, le possesseur de mauvaise foi ne sera pas autrement traité, qu'il ait dit *possideo quia possideo* ou qu'il ait invoqué le titre d'héritier.

Une observation commune au titre *pro herede* et au titre *pro possessore*, c'est que l'héritier du possesseur à l'un de ces deux titres est tenu de la pétition d'hérédité comme son auteur. (L. 13, § 3, — 5, 3.) Doneau dit qu'il pouvait y avoir doute, parce que cet héritier ne possède ni *pro herede* ni *pro possessore ;* mais il fait

judicieusement remarquer que si ce successeur est véritable héritier pour les choses qui étaient la propriété
du défunt, il n'est, comme son auteur, que possesseur
pro herede ou *pro possessore* pour ce que celui-ci déte-
nait sans droit.

J'ai examiné tout ce qui a trait au titre de possession
du défendeur. Je dois répondre maintenant à ces deux
questions : Comment et à quel moment le défendeur
doit-il posséder? Et, d'abord, comment le défendeur
doit-il posséder ? Peu importe qu'il possède par lui-
même ou par ceux qui sont sous sa puissance (L. 34,
§ 1, — 5, 3); le père, ou le maître, étant censé posséder, on peut intenter contre lui la pétition d'hérédité et
ne pas agir *de peculio*. Toutefois, bien que l'action, en
principe, doive être dirigée contre le père, il n'est pas
douteux qu'on puisse agir contre le fils de famille
(L. 36, § 1ᵉʳ, — 5, 3), qui a la *facultas restituendi*, tout
comme on pourrait agir contre lui par l'*actio ab exhibendum;* on se rapproche ici, par exception aux règles
de la pétition d'hérédité, de la décision de la loi 9, —
6, 1. La loi 36, § 1, ajoute qu'*a fortiori* on pourra
former la demande contre le fils quand *ab initio* il a été
tenu en son propre nom, s'il a possédé des choses héréditaires avant de se donner en adrogation : le préteur,
rescindant sa *capitis minutio*, permet de le poursuivre
ex ante gesto par les actions qui, avant son adrogation,
compétaient contre lui.

La possession effective peut être suppléée par une action tendant à la faire recouvrer; si un individu a possédé
comme héritier et a été dépouillé par violence, la cession de l'interdit *unde vi* pourra être l'objet d'une pé-

tition d'hérédité qui aura le caractère d'action directe.
Cette application de la pétition d'hérédité me conduit à
parler du cas où elle est donnée contre un *possessor
juris* : la possession *animo domini* d'une chose de la
succession est la condition ordinaire d'admission de la
pétition d'hérédité; ce n'est pas la seule; tout prouve
qu'à l'origine les choses incorporelles étaient à Rome
susceptibles d'une véritable possession. Après une réaction sous laquelle l'idée de possession éveillait nécessairement celle de chose corporelle, on reconnut que
les choses incorporelles étaient susceptibles d'une quasi-
possession. Lors donc que le débiteur de la succession
prétend être libéré par confusion, parce qu'il soutient
être héritier de son créancier, il est, pour ainsi dire,
possesseur de la créance, et, à ce titre, soumis à la pétition d'hérédité. (L. 13, § 15; — L. 42, — 5, 3.) Que
si ce débiteur niait que le demandeur fût héritier, sans
prétendre lui-même à cette qualité, ce ne serait plus de
la pétition d'hérédité que le demandeur devrait faire
usage, mais de l'action de la dette; le juge de cette
action aurait à examiner si, l'existence de la dette étant
reconnue, le demandeur est réellement le représentant
du créancier. Les lois 14, 15, 16, § 3, — 5, 3, donnent
cette décision, que la dette provienne d'un contrat ou
de toute autre source d'obligation. — Un droit réel peut
être aussi l'objet d'une quasi-possession, et, par suite,
de la pétition d'hérédité. Voici l'exemple qu'on a proposé : le défunt avait institué un héritier et légué un
fonds *deducto usufructu*. La succession est ouverte ab
intestat, le testament étant nul en la forme; l'héritier
ab intestat intentera la pétition d'hérédité à raison du

droit d'usufruit que possède le prétendu héritier testamentaire. — Il est plus rare de trouver un possesseur
pro possessore d'un droit que d'une chose corporelle héréditaire. Celui qui a corrompu l'esclave de la succession
est tenu de l'action *de servo corrupto*; mais cependant
l'héritier pourra aussi, à raison de sa mauvaise foi, intenter contre lui l'action en pétition d'hérédité. Le cas
où l'ex-possesseur de l'hérédité a encore l'interdit *unde
vi* est un second exemple de possession d'un droit héréditaire. (L. 16, § 4, — 5, 3.) De même le possesseur
pro herede, en vertu d'un testament *ruptum* qui ac-
quitte des legs ou qui restitue l'hérédité en obéissant à
un fidéicommis, a payé l'indû : il a une *condictio
indebiti* qu'il devra céder sur la pétition d'hérédité
(L. 16, § 7, — 5, 3); la loi 13, § 2, — 5, 3, ne contredit pas cette solution. Si le possesseur a vendu une
chose héréditaire dont le prix soit encore dû, il faudra
qu'il cède son action *venditi*. (L. 16, § 7, — 5, 3.) Enfin
on peut être *possessor juris* parce qu'on a un droit
qui a pris naissance après la mort du *de cujus*. C'est
ainsi qu'on peut poursuivre, par la pétition d'hérédité,
le *negotiorum gestor* de l'hérédité qui y prétendrait
droit. Papinien en fait l'application dans l'espèce suivante (L. 10, — 5, 4) : Un fils a administré la part
d'hérédité à laquelle son père absent était appelé par
testament, dans l'ignorance de la mort de son père arrivée du vivant du testateur; il a, en conséquence,
vendu des fruits de l'hérédité dont il a touché le prix,
et il a reçu des payements. Papinien décide que les cohéritiers du père ne peuvent agir contre le fils par la
pétition d'hérédité pour se faire restituer le prix des

fruits vendus, parce que le fils ne possède pas pour lui *pro herede* ou *pro possessore*, mais pour son père; or, la pétition d'hérédité est donnée contre celui qui possède pour lui-même et non pour autrui, comme est le *negotiorum gestor*. Il donne l'action *negotiorum gestorum, ceteris coheredibus ad quos portio defuncti pertinet...* Ces mots ont donné lieu à de grandes discussions... Papinien veut-il parler du droit d'accroissement? Cujas l'a pensé, parce que les mots *ceteris coheredibus* seraient trop absolus, et, par suite, inexacts s'ils s'appliquaient au *jus caduca vindicandi;* il est plus probable qu'ils sont employés pour *coheredes patres.* Papinien ne s'applique pas à dire de quelle manière la dévolution aura lieu; ce qu'il veut constater, c'est que la pétition d'hérédité ne sera pas donnée contre le fils; il le décide aussi dans le cas où ce fils a géré la part afférente à son père après l'adition des autres héritiers; car alors il n'est pas débiteur de l'hérédité, il est débiteur personnel des héritiers. Cependant, Papinien termine en signalant un cas où la pétition d'hérédité sera accordée contre le fils *negotiorum gestor, quasi a juris possessore;* cette dernière partie du texte est assez obscure. Papinien présente d'abord l'hypothèse où la *negotiorum gestio* est refusée aux héritiers du père : « Si tu as été exhérédé par ton père, et que tu aies administré la partie de la succession à laquelle il était appelé, mais qu'il n'avait pu acquérir à cause de son prédécès au testateur, seras-tu tenu de la *negotiorum gestio* envers les héritiers de ton père? Non, car ce que tu as géré ne faisait pas partie de son hérédité. » — Papinien prévoit cette objection : si le *negotiorum gestor* a exigé l'indû, il doit cependant rendre compte à celui au nom duquel il l'a exigé. — Il répond que l'objection n'est pas fondée ; l'affaire que le fils a gérée n'est pas celle du père, puisqu'il était décédé au moment de la gestion. Aucune ratification n'a donc pu rendre *negotium patris* ce qui ne l'était pas tout d'abord. Le fils a administré au nom du père comme si le père avait été héritier : c'est donc l'hérédité qu'il pensait acquise au père qu'il a gérée. Il est juste alors de restituer le prix des fruits vendus à cette hérédité : *Nam etsi negotiorum gestorum actio sit ei cujus nomine perceptum est ; ei cujus nomine restitui œquum est.* Mais si le fils, au lieu d'être exhérédé est lui-même héritier, la pétition d'hérédité compétera contre le fils au profit des ayants droit à la succession gérée. Le fils met alors en fait que son père a survécu au *de cujus*, et que sa part d'hérédité lui appartient comme héritier de son père. C'est en qualité de *possessor juris pro herede* que les cohéritiers doivent l'actionner. Une nouvelle objection se présente à l'esprit de Papinien : le fils a commencé à posséder *alieno nomine ;* il ne peut être défendeur à la pétition d'hérédité en qualité de possesseur *pro herede ;* car *nemo sibi causam possessionis mutare potest.* Le jurisconsulte repousse l'objection en raisonnant par analogie de ce qui arriverait à tout autre que le fils, qui, après avoir géré l'hérédité, se présenterait comme héritier : cet étranger serait passible de la pétition d'hérédité, donc le fils doit y être soumis également. Quant à la règle *nemo sibi...*, elle ne doit s'appliquer qu'autant qu'il n'intervient aucune cause extrinsèque ; or, ici, la connaissance de la mort du père est la cause qui, par elle-même, opère l'interversion du titre. Il en est de même de celui qui a administré l'hérédité pour un absent : tant qu'il agit *alieno nomine*, il est tenu de la *negotiorum gestio*, mais si l'absent, de retour, ne veut pas ratifier, le *gestor*, sans que la règle *nemo sibi...*, etc., puisse être invoquée par lui, sera, de même qu'un *prœdo*, défendeur à la pétition d'hérédité. (L. 13, § 12, — 5, 3.)

Comme dernier exemple de défendeur à la pétition d'hérédité, je citerai le maître qui possède le prix des choses héréditaires que son esclave a vendues. D'après Paul et Julien (L. 34, § 1, — 5, 3), le maître serait poursuivi à titre de *juris possessor ;* cela ne saurait être : le maître est bien dans ce cas *rei possessor*. Cujas propose de joindre ces mots : *quasi a juris possessore*, à la loi suivante où Gaius rapporte un avis de Julien dans l'espèce où le maître n'avait pas encore touché le prix des effets héréditaires vendus par l'esclave ; il est, en effet, alors *juris possessor*. Quoi qu'il en soit du mérite de cette explication, il y a grand intérêt à pouvoir agir, dans l'un et l'autre cas, contre le maître par la pétition d'hérédité. Si cette action avait été déniée, il eût fallu intenter l'action *de peculio*, action annale, et sur laquelle le maître peut déduire ce que lui doit son esclave. Paul rapporte l'avis de Proculus et de Julien, ce qui prouve que la question avait été débattue entre les jurisconsultes. (L. 36, — 5, 3.) Toutefois, Paul fait observer qu'il faudra agir *de peculio :* 1° si on demande l'hérédité au maître parce que l'esclave est débiteur envers elle ; 2° si l'esclave a dissipé le prix des choses héréditaires. Les mêmes règles s'appliqueraient si l'hérédité était possédée par un fils de famille.

A quel moment le défendeur à la pétition d'hérédité doit-il posséder ? Il suffit qu'il possède au moment de la sentence. A la différence du droit du demandeur, il n'est donc pas nécessaire que la possession du défendeur existe au moment de la *litis contestatio*. Les lois 23 et 35, — 5, 1, semblent, sans aucune distinction, poser une règle contraire ; mais il faut prendre garde qu'elles ne statuent que relativement au droit du demandeur. Or, la raison de différence entre le droit du demandeur et la possession du défendeur est évidente : si le juge tenait compte du droit du demandeur lorsqu'il se produit après la *litis contestatio*, le défendeur serait surpris par cette confirmation imprévue du droit de son adversaire ; il n'aurait pas le temps de substituer une nouvelle défense à celle qu'il avait préparée ; on peut même dire que s'il avait su, dès le principe, le bien fondé de la demande, il y eût aquiescé, et ainsi évité les dangers et les frais du procès. Il n'y a, au contraire, aucun inconvénient à ce que le juge tienne compte de la possession survenue au défendeur : il ne saurait donner aucune bonne raison pour refuser de restituer ce qu'il ne possédait pas lors de la *litis contestatio* ; l'étendue plus ou moins grande de sa possession n'est qu'une question de fait qui n'a été pour rien dans la négation qu'il a opposée au droit du demandeur au début de l'instance. N'y eût-il pas ces raisons de faire la distinction, la rédaction de la formule la commanderait : le droit du demandeur est fixé par l'*intentio* d'une façon définitive ; au contraire, les restitutions du défendeur, contenues en germe dans ces mots de la *condemnatio... Quidquid paret...*, ne reçoivent leur détermination que par la sentence du juge. Ces principes paraissent certains ; cependant, une loi de Paul (L. 27, § 1, — 6, 1) exige la possession lors de la *litis contestatio* et lors de la sentence ; il faut remarquer que, dans la suite du même texte, Paul approuve la doctrine de Proculus, qui était conforme aux principes : il est dès lors probable que le commencement du texte était une citation d'un jurisconsulte dont Paul ne partageait pas l'opinion. Il y aurait donc eu discussion sur le moment auquel le défendeur doit posséder. (M. Pellat, p. 229 ; — de Savigny, t. VI, p. 77.) — En sens inverse, si le défendeur possédait lors de la *litis contestatio* et ne possédait plus lors de la sentence, à moins qu'il y ait eu dol ou faute de sa part, il doit être absous.

PARTIE DEUXIÈME

DE L'INSTANCE EN PÉTITION D'HÉRÉDITÉ.

Une action d'une portée aussi générale que la *petitio hereditatis* devait se rencontrer souvent avec des actions spéciales, intentées à l'occasion des choses héréditaires, soit par une personne qui pourrait prétendre à la qualité d'héritier, soit même par des tiers ; elle exerçait sur les autres instances une influence remarquable. On conçoit que si l'action est dirigée contre un possesseur qui a qualité pour défendre à la pétition d'hérédité, il ait intérêt à ne pas vouloir y donner suite, tant que la question d'hérédité n'est pas vidée. Cet intérêt peut être double ; le possesseur, sur telle action spéciale, serait, parfois, traité plus rigoureusement que sur la pétition d'hérédité; en outre, il serait très-onéreux pour lui d'être soumis à un grand nombre d'actions spéciales, à l'occasion des biens de la succession; enfin, la compétence changerait. Aussi, même après la disparition du tribunal des Centumvirs, on maintint le *praejudicium hereditati non fiat*. Le respect pour la juridiction supérieure des Centumvirs l'avait fait introduire; on voulait que toute demande portée devant une juridiction subordonnée fût tenue en suspens s'il y avait, entre elle et la question d'hérédité réservée aux Centumvirs, assez de connexité pour qu'elle pût la préjuger: *magnitudo et auctoritas centumviralis judicii non patiebatur per alios tramites viam hereditatis infringi.* (L. 12 C. — 3, 31.) Il est rare de trouver, dans un texte du bas-empire, l'origine historique d'une institution aussi exactement conservée. M Merlin dit du *prœjudicium* : « Exciper dans un procès intenté par ou contre un cohéritier, *quod praejudicium hereditati non fiat,* c'est demander qu'il soit sursis à ce procès jusqu'à ce qu'il ait été statué sur la question de voir si la partie qui y figure comme héritier en a réellement la qualité. » Gaius, § 133, 4, présente ce *praejudicium* comme une *praescriptio pro reo,* et nous apprend que, de son temps déjà, cette *praescriptio,* comme toutes les autres de même nature, s'était transformée en exception. Le possesseur l'opposait à toute demande que son adversaire pouvait faire valoir par l'*hereditatis petitio,* alors même que sa prétention n'aurait pris naissance que pendant la jacence de l'hérédité; en vertu de la règle *hereditas jacens personam defuncti sustinet,* elle est comprise dans l'hérédité. (L. 16, §§ 3 et 36, § 2, — 5, 3.) — Mais l'action qui ne prendrait naissance qu'après l'adition poursuivrait son cours, malgré la possibilité d'une contestation ultérieure sur l'hérédité. Si la chose réclamée avait cessé d'être héréditaire à raison de l'usucapion accomplie par l'héritier, l'exception préjudicielle ne pourrait être opposée. On ne saurait objecter que si l'héritier avait reçu du défunt une chose qui ne lui appartenait pas et qu'il l'eût usucapée, il en devrait cependant compte dans l'action *familiæ erciscundæ;* la pétition d'hérédité ne comprend, en effet, que ce qui est une conséquence du droit à l'hérédité, tandis que dans l'action *familiæ erciscundæ,* les cohéritiers doivent faire entrer tout ce qu'ils tiennent du défunt, à quelque titre que ce soit. (L. 9 — 10, 2.) Si la pétition d'hérédité est déjà instruite devant le juge, fera-t-elle encore obstacle à l'exercice des actions spéciales? Julien, L. 13 — 44, 1, décide que l'exception préjudicielle ne peut plus être opposée après la *litis contestatio* de la pétition d'hérédité; elle ne protégerait que la pétition d'hérédité non encore formée. La loi 7 pr. et la loi 5, § 2, — 5, 3, donnent à l'exception préjudicielle une efficacité plus grande; aussi Cujas (*in lib.* 50, *Dig. Jul.*) entend-il la loi 13 de Julien en ce sens que l'action spéciale n'est plus différée, alors seulement qu'il y a chose jugée sur la pétition d'hérédité. Je ne crois pas qu'il faille substituer *post rem judicatam* à *post litem contestatam* dans le texte de Julien. Il a dû vouloir dire qu'après la *litis contestatio* de la pétition d'hérédité, non pas l'action spéciale, suivrait son cours, mais qu'elle serait arrêtée par un autre moyen que par le *praejudi-*

cium; le possesseur peut, en effet, après la *litis contestatio*, opposer l'exception *rei in judicium deductæ.* Cette explication est rendue très-plausible par la loi 7, § 4, — 44, 2, empruntée au même ouvrage de Julien que la loi 13.

On trouve dans les textes plusieurs applications de l'exception préjudicielle; la plus célèbre est celle de la loi 1, § 1, — 10, 2 : Gaius suppose une action en partage intentée par celui dont la qualité de cohéritier est contestée. Cette action, dit le jurisconsulte, appartient même au non-possesseur; cependant, si le possesseur méconnaît la qualité du cohéritier du demandeur, il sera fondé à lui opposer l'exception préjudicielle. Elle ne pourrait lui être opposée s'il possédait la part de la succession à laquelle il prétend avoir droit : son adversaire devrait, pour l'écarter du partage, recourir à la pétition d'hérédité. Ce texte tranche, implicitement, en faveur du demandeur, le point de savoir s'il peut, malgré l'exception préjudicielle, faire valoir de nouveau son droit comme lorsque le défendeur a opposé la *præscriptio fori.*—Il est encore question du *praejudicium* dans les lois 32, § 10, — 4, 8, L. 5, — 43, 5 — L. 25, § 17, — 5, 3 ; je reviendrai sur ce dernier texte à l'occasion de la pétition d'hérédité utile.

Jusqu'ici j'ai examiné le rôle du *praejudicium* au profit du possesseur de l'hérédité; c'est à ce point de vue que Gaius en parle dans son § 133, com. 4. Mais le *praejudicium* avait un but tout autre : les actions intentées par le possesseur de l'hérédité contre les tiers étaient suspendues ; on ne permettait pas non plus aux tiers d'exercer leur action contre le deman-

deur ou contre le défendeur à la pétition d'hérédité.
(L. 35 — 49, 14.) On ne peut justifier cet effet de
l'exception préjudicielle en disant qu'il faut réserver
entière la pétition d'hérédité, puisque l'action spéciale
des tiers ne la préjuge pas. D'autre part, il semble
que celui qui est actionné par l'une des parties liti-
gantes sur la pétition d'hérédité n'a pas d'intérêt légitime à attendre la fin du procès. Enfin, l'exception
préjudicielle opposée aux créanciers et aux légataires
paraît encore moins justifiable ; puisque le demandeur
et le défendeur soutiennent être héritiers, comment
peuvent-ils se soustraire aux obligations qui sont la
conséquence de cette qualité ? Aussi paraît-il y avoir
eu beaucoup de controverses entre les jurisconsultes
sur ces dernières applications de l'exception préjudicielle. Papinien, dans la loi 49 — 5, 3, ne parle que
de l'action intentée par le demandeur ou par le défendeur à la pétition d'hérédité. Justinien, lui-même,
fait allusion à ces incertitudes de la doctrine dans la
loi 12 C. — 3, 31, et il y met un terme en décidant que
l'action des tiers ne pourra jamais être suspendue par
l'exception préjudicielle qu'opposerait soit le demandeur, soit le défendeur à la pétition d'hérédité. C'est ce
que déjà Paul proposait dans la loi 4, § 1, — 35, 3. Voici
les moyens que Justinien substitue au *præjudicium* :
les créanciers de corps certains, tels que ceux qui ont
prêté ou donné en dépôt au défunt, ont le droit d'agir
contre le possesseur, sans qu'il puisse refuser la restitution ; mais le possesseur seul peut être actionné,
puisque le demandeur n'aurait pas encore la possibilité de restituer. Les créanciers de sommes d'argent

ou de quantités, à leur gré, s'adresseront au demandeur ou au défendeur : il y aurait, d'après Justinien, contradiction de la part de l'un ou de l'autre à vouloir ajourner leur demande ; celui qui payera sera en droit d'exiger du créancier une caution pour la restitution, dans le cas où le juge déciderait, en faveur de son adversaire, que, s'il ne prenait pas cette précaution et payait de bonne foi en son propre nom, il aurait une *condictio indebiti*. A l'issue du procès en pétition d'hérédité, il se fera un compte à raison des actions intentées pendant l'instance contre l'une ou l'autre des parties : si le possesseur a dû payer et est condamné, il pourra retenir les choses héréditaires jusqu'à ce qu'il soit remboursé ; si, au contraire, le demandeur qui a payé succombe dans la pétition d'hérédité, le juge obligera le défendeur absous à l'indemniser ; sinon, le demandeur agirait par la *condictio ex lege,* s'il a payé *proprio nomine,* ou par l'action *negotiorum gestorum utilis,* s'il a payé au nom de l'hérédité : le payement ainsi fait ne libère l'héritier que *exceptionis ope.* Quant aux légataires, Justinien établit les mêmes règles ; si ce n'est qu'ils ne peuvent agir que contre celui qui, dans l'instance, soutient la validité du testament, et qu'ils ne doivent pas, à la différence des créanciers, garder ce qu'ils ont reçu si le testament est infirmé ; à cause de cette condition résolutoire de leur droit, ils doivent donner. caution de restituer les legs et les fruits et intérêts des sommes d'argent qu'ils ont reçues, à raison de 3 pour 100. S'ils refusent de donner cette caution, ils devront attendre l'issue de la pétition d'hérédité. Par exception, lorsque le fisc y défendait, les actions

des créanciers étaient suspendues durant l'instance.
(L. 35 — 49, 14.)

Enfin, on suspendait pendant un an les affranchissements testamentaires. C'est la décision de la loi 7, une
des plus difficiles du titre *de Petitione hereditatis*. Un
rescrit de Trajan ordonne de différer la question de
liberté testamentaire tant que celle d'inofficiosité du
testament n'aura pas été portée en justice. Si ce dernier
procès est arrivé à la *litis contestatio*, aucun inconvénient à ce que l'exception préjudicielle arrête la demande
d'affranchissement; s'il n'est pas encore amené à la
litis contestatio, et qu'il soit déjà engagé, le juge fixera
un délai dans lequel la question d'inofficiosité sera
instruite. Ce délai, sous Justinien, est toujours d'une
année (L. 12, C. — 3, 31); mais, pour faire obstacle
aux affranchissements, il ne faut pas que le délai soit
réclamé de mauvaise foi, comme dans l'espèce du § 1.
Un testateur a affranchi par testament et institué héritier son esclave Licinianus, il a exhérédé son fils. Le
fils exhérédé n'intente pas la *querela*, mais conteste
l'état de Licinianus; il prétend que celui-ci est son
esclave parce qu'il est héritier ab intestat de son père.
Licinianus refuse de défendre à la *causa liberalis* et oppose l'exception préjudicielle de la *querela*. Consulté
sur cette espèce, Antonin dit qu'il faut distinguer si le
possesseur est Licinianus ou le fils exhérédé; qu'au cas
où Licinianus possède, on doit accueillir son exception
préjudicielle, car il est facile au fils, non possesseur,
d'intenter la *querela;* que si, au contraire, l'exhérédé
possède, on doit la repousser parce que le fils n'étant
pas en mesure d'intenter la *querela*, donnée comme toute

pétition d'hérédité au non possesseur, Licinianus pourrait faire ce calcul : au lieu d'intenter la pétition d'hérédité, sur laquelle peut-être il succomberait, l'exhérédé opposant l'inofficiosité du testament, rester dans l'inaction pendant cinq ans, afin que la *causa liberalis* soit couverte par une fin de non-recevoir, et exercer alors, sans crainte, la pétition d'hérédité *ex testamento*, la *querela* elle-même ne pouvant plus l'infirmer. L'empereur décide donc que, dans cette hypothèse, la *causa liberalis* intentée par le fils exhérédé ne doit pas être suspendue au moyen de l'exception préjudicielle. Le § 2 décide également que l'exception n'est pas recevable contre la *causa liberalis* de celui qui se prétend affranchi par un autre mode que le testament. C'est à l'aide de cette décision qu'il faut expliquer la loi 2, Code, — 7, 19. La question de liberté devra encore passer avant celle d'hérédité si elle ne s'est présentée que sous forme d'exception : si le défendeur, par exemple, soutient que le demandeur n'est pas le fils, mais l'esclave du défunt (L. 1, C. — 7, 19); il est vrai que, dans ce cas, le juge ne rendra qu'une sentence. En donnant gain de cause au demandeur sur la pétition d'hérédité, il reconnaîtra implicitement sa qualité d'homme libre. Il en serait de même si la liberté du testateur était mise en doute. (L. 8, C. — 3, 31.)

Quant à la situation inverse, celle où, soit le demandeur, soit le défendeur à la pétition d'hérédité actionne un tiers, il semblerait que, le demandeur donnant caution de restituer pour le cas où son adversaire triompherait dans la pétition d'hérédité, l'exception préjudicielle ne devrait pas être reçue : elle l'était toutefois;

mais sauf, peut-être, une hypothèse spéciale, celle de la loi 25, § 17, — 5, 3, elle ne pouvait être opposée qu'aux actions *in personam*. C'est ce que décide Pomponius, L. 49, — 5, 3 : *Petitor autem hereditatis citra metum exceptionis in rem agere poterit* (1). Peu importe au tiers actionné de restituer au demandeur ou au défendeur; une nouvelle action en revendication serait impuissante; supposé, d'ailleurs, qu'il n'ait pas restitué par dol à celui qu'il savait n'être pas l'héritier. (L. 57, — 5, 3.) Une règle toute différente convenait pour les actions *in personam*, et la raison en est bien simple : il importe beaucoup au débiteur de payer au véritable héritier, car ce n'est qu'en payant entre ses mains qu'il se libérera. Ainsi Pomponius ne permet au possesseur d'intenter une action personnelle, pendant le cours de la pétition d'hérédité, que s'il y a péril en la demeure, lorsque, par exemple, l'action est sur le point de s'éteindre; sinon, le débiteur actionné sera en droit de faire ajourner l'action jusqu'à ce que la pétition d'hérédité ait démontré quel est le véritable ayant droit. Pomponius ne s'explique pas sur le cas où le *petitor* voudrait intenter une action *in personam* : il n'y a aucun motif pour ne pas adopter, quant à lui, la même distinction.

Si la pétition d'hérédité tient en échec les demandes

---

(1) Ce texte suppose que le possesseur est de bonne foi et que le procès n'est pas encore arrivé à la *litis contestatio ;* car, à partir de ce moment, la condition du possesseur de bonne foi étant en principe la même que celle du possesseur de mauvaise foi, à moins d'urgence, aucune action ne devrait être intentée. Il est probable, malgré l'avis d'Accurse, que la fin du texte, *si nihil juris habere se sciat,* ne se réfère pas au possesseur de mauvaise foi, mais au cas où le possesseur de bonne foi sait que telle chose ne fait pas partie de l'hérédité.

civiles par l'effet du *prœjudicium*, les actions criminelles ont le pas sur elle. Si le possesseur de l'hérédité
soutient que le testament produit par le demandeur est
entaché de faux, la question de faux sera préalable à la
pétition d'hérédité : *Major est causa criminalis, minor
civilis*. (L. 7, Code, — 7, 19.) Il y a donc, pour les
instances criminelles, une exception préjudicielle qui
constitue une fin de non-recevoir à la pétition d'hérédité.
Ce n'est pas la seule ; il y en a même qui, au lieu d'être
temporaires comme celle-ci, sont perpétuelles ; de ce
que, d'après l'avis qui prévalut, l'*exceptio doli mali*
n'avait pas besoin d'être insérée dans la formule, il ne
faudrait pas conclure que toute exception y fût sous-
entendue. Si l'*exceptio rei judicatœ* a été comprise dans
la formule, elle fera obstacle à la pétition d'hérédité, à
condition que le même droit héréditaire ait déjà été
l'objet d'un débat judiciaire entre les mêmes parties
fondant leurs prétentions sur la même cause. Si le demandeur, dans sa première action, n'a pas spécifié sur
quelle cause il la fondait, il sera présumé avoir déduit
in judicium toutes les causes d'acquisition de l'hérédité
et tous les moyens de contestation du droit du possesseur. (L. 3, C. — 3, 31.) Toutefois, même en ce cas,
après avoir agi comme héritier en son propre nom, il
peut se prétendre héritier du véritable héritier : il n'y
a pas alors *controversia inter easdem personas*. Lorsqu'au contraire le demandeur a spécifié le fondement
de son action, il est recevable à en intenter une nouvelle sans qu'il y ait violation de la chose jugée. Ainsi,
celui qui a succombé, en arguant de faux le testament,
peut encore l'attaquer pour vice de forme. (L. 47 —

5, 3.) Enfin, une exception devait être insérée pour le cas où le demandeur ayant dit au possesseur : « Jurez que l'hérédité vous appartient? » Celui-ci a juré, et, nonobstant, le demandeur veut intenter la pétition d'hérédité. Si le demandeur s'était engagé à ne pas troubler le possesseur, il en était de même, et on présumait cet engagement lorsque l'héritier ab intestat, en connaissance des vices du testament, avait accepté de l'héritier institué la délivrance d'un legs fait à son profit. S'il ignorait le vice du testament, il aurait le droit d'intenter la pétition d'hérédité, mais il devrait restituer le legs au possesseur qui consentira à lui en garantir la restitution, au cas où le testament serait reconnu valable. (L. 8 et 43, — 5, 3.) Faute par le défendeur de donner cette garantie, le demandeur pourrait garder le legs, et il en devrait faire déduction sur le compte du possesseur s'il obtenait gain de cause dans la pétition d'hérédité. (L. 44, — 5, 3.)

Il me reste à indiquer, en peu de mots, les effets de l'instance en pétition d'hérédité dans les rapports des parties elles-mêmes : 1° elle fait cesser la bonne foi du possesseur ; je dirai bientôt quelles sont les conséquences de ce changement ; 2° un rescrit d'Antonin le Pieux défend au possesseur, dès qu'il y a *controversia de hereditate*, même avant la *litis contestatio*, de vendre aucune chose héréditaire s'il n'a donné la caution *judicatum solvi*. Cette caution est fournie avant la *litis contestatio*, et seulement, dans le droit de Justinien, quand le défendeur ne plaide pas *suo nomine*. Si le défendeur refuse de la fournir, la possession peut être transférée au demandeur qui offre de la donner, au moyen de l'interdit *quam hereditatem*. Le défendeur qui n'a pas fourni de *satisdatio*, mais une *solita cautio*, promesse non accompagnée de fidéjusseurs, garde la possession ; il ne peut alors aliéner que dans des cas d'urgence : les justes causes d'aliénation sont énumérées dans l'édit (L. 5 et 53, — 5, 3), ainsi le payement des frais funéraires, la subsistance de la *familia*, la conservation des autres objets héréditaires ou la nécessité d'en prévenir la saisie.

TROISIÈME PARTIE

DES EFFETS DE LA PÉTITION D'HÉRÉDITÉ

L'effet de la sentence qui attribue l'hérédité au demandeur est double quant à lui : 1° il obtient la restitution des objets de la succession possédés par le défendeur ; 2° il le fait condamner à certaines indemnités, dites prestations personnelles, par opposition aux restitutions. Un effet de la condamnation propre au défendeur est le droit de se faire rembourser plusieurs des dépenses qu'il a faites à l'occasion de l'hérédité.

Première section.

Des Restitutions que l'héritier peut exiger.

§ 1. — Restitution des choses possédées par le défendeur.

La restitution de l'hérédité n'est pas l'objet de la pétition d'hérédité, mais c'en est bien évidemment le but : elle comprend des choses ou des droits. Parmi les choses, il en est qui appartenaient au défunt ou dont le défunt était responsable, d'autres qui ont été acquises par l'hérédité. Je m'occupe d'abord des premières.

N° 1. — *Restitution des choses sur lesquelles le défunt a eu des droits dont il était responsable.*

Il est évident que les choses dont le défunt était propriétaire doivent entre toutes être restituées à l'héritier, lors même qu'elles auraient été remises en gage par le défunt (L. 54, — 5, 3), et ne seraient rentrées en la possession du défendeur que par suite de payements par lui faits ; s'il n'y a pas encore eu payement, le défendeur, dans la même espèce, cédera son action *pigneratitia directa*. Si le défunt, sans être propriétaire d'une chose, avait une action spéciale pour en obtenir ou en recouvrer la possession, ainsi l'action servienne ou l'action publicienne, elle doit être cédée par le possesseur à titre de droit héréditaire ; car on ne succède pas seulement à la propriété du *de cujus*, mais à tous les droits qu'il pouvait avoir. Aussi doit-il être fait restitution à l'héritier de ce que le défunt pouvait retenir au moyen d'une exception, quand bien même il n'aurait pas eu d'action pour le poursuivre : le défunt a juré que l'objet qu'on revendiquait contre lui n'appartenait pas au demandeur ; il n'avait contre ce demandeur que l'*exceptio jurisjurandi* et pas d'action, après la perte de la possession, pour la recouvrer, lors même que le possesseur actuel serait celui qui lui a déféré le serment. Il en faudrait dire autant au cas de pacte ou de chose jugée. Le défunt était responsable des choses qui lui avaient été prêtées ou remises en gage : la nature du contrat de bonne foi rend le créancier gagiste, le commodataire, le dépositaire, responsables de certaines fautes, et cette responsabilité ne pèse pas sur le défunt seulement, mais aussi sur celui dont le droit héréditaire a été reconnu : pour qu'il puisse veiller à la conservation de la chose prêtée ou engagée à son auteur, il faut donc qu'elle lui soit rendue. Enfin, le défaut de droit du possesseur l'oblige encore à restituer ce que le défunt possédait *pro herede* ou *pro possessore*. (L. 13, § 11, — 5, 3.)

N° 2. — *Restitution des choses sur lesquelles l'hérédité seule a eu des droits.*

L'hérédité, avant l'adition, représente la personne du *de cujus ;* il s'ensuit qu'une cause d'acquisition se produisant pendant la jacence, l'hérédité acquiert, comme le défunt eût acquis lui-même, des biens que l'on confond avec les biens héréditaires proprement dits. (L. 61, — 41, 1.) Ces biens, qui, au point de vue de la restitution, suivent le sort des choses héréditaires, peuvent être distingués en cinq classes :

1° L'hérédité s'accroît de tout ce qui vient s'ajouter aux biens de la succession, soit par alluvion, soit par mélange, spécification, soit enfin par l'extinction d'une servitude grevant un immeuble héréditaire. Dans tous ces cas, il y a, pour ainsi dire, une cause intrinsèque d'acquisition.

2° Les acquisitions des esclaves héréditaires font partie de la succession. (L. 33, — 5, 3.) L'acquisition, par suite du legs fait à l'esclave, restera cependant au possesseur si l'esclave a été gratifié au nom du possesseur et a recueilli pour lui ; de même, si l'esclave a stipulé *ex re possessoris*, ou s'il a travaillé à son profit ; mais il ne faudrait pas confondre le travail de l'esclave appliqué à l'usage du maître apparent avec la *merces* que celui-ci aurait pu exiger pour la location des services : cette *merces* serait, comme les autres fruits, sujette à restitution. On pourrait dire que le possesseur doit compte à l'héritier de l'utilité qu'il a tirée des *operæ servi ;* on invoquerait la loi 33, — 5, 3, qui n'excepte que les acquisitions *ex re possessoris ;* il faut répondre que le travail de l'esclave est un pur fait, dont le possesseur seul doit profiter. (G., § 92, — 2.)

3° Doit être restituée toute valeur provenant d'un bien de la succession, et qui n'est pas un fruit (ainsi le part des esclaves) — (L. 27—5, 3), ou de la vente d'un bien de la succession : soit le prix lui-même, soit la clause pénale due à cause du retard dans le payement du prix ; si ce retard, en vertu du pacte commissoire, a permis de résoudre la vente, le défendeur devra encore restituer la somme qu'il a pu garder. La valeur de la chose achetée avec le prix d'un bien héréditaire doit être restituée, bien qu'elle soit possédée *proprio nomine* par l'acheteur, car elle est subrogée au profit tiré par lui d'un bien de la succession. Cette subrogation n'a pas lieu dans les actions spéciales, le prix est acquis par l'effet du contrat ; au contraire, il remplace la chose elle-même dans la pétition d'hérédité, parce que le défendeur, étant présumé se comporter comme héritier, doit céder au demandeur les actions qu'il peut

avoir, et, par suite, la valeur de l'acquisition que l'action a pour but de faire obtenir. Il est cependant certaines indemnités dues à l'occasion des objets héréditaires que le possesseur est dispensé de restituer; ainsi
les dommages-intérêts qui lui ont été payés à raison du
préjudice que la violence qu'il a personnellement subie
a pu lui faire éprouver : c'est donc l'interdit *unde vi*
qu'il doit céder, mais non pas le résultat de l'exercice
de cet interdit. (L. 40, §§ 2, 16, § 14, — 5, 3.) La peine
comprise dans la caution *judicatum solvi*, pour le cas
où le défendeur ne comparaît pas devant le juge, est
encore une indemnité personnelle au possesseur. Ce n'est
pas, toutefois, que les peines échappent, par leur nature,
à la restitution : le possesseur devra rendre le montant
d'une condamnation, même portée au double *propter
inficiationem*, à la suite de l'action de la loi Aquilia ; on
aurait peut-être pu dire que la peine du double s'explique
par les difficultés que la dénégation du défendeur a pu
occasionner au demandeur : à tort ou à droit, les jurisconsultes ont vu, dans cette peine, prononcée au profit
du propriétaire, un profit faisant partie de l'hérédité,
qui doit être restituée à l'héritier. — Si le prix est su-
brogé réellement aux biens vendus, il n'y a aucune
raison pour ne pas subroger l'argent reçu des débiteurs
de la succession à la créance ; mais cet argent n'est pas
dû en nature comme toute autre chose héréditaire : le
possesseur qui s'est fait payer des débiteurs a fait une
sorte de gestion d'affaires dont le règlement est compris dans l'office du juge de la pétition d'hérédité.
Pour que le possesseur ne fût tenu de ces sommes que
in specie, il faudrait qu'il pût, par impossible, prouver

qu'il ne s'en est pas opéré confusion avec ses propres deniers.

Au cas d'éviction d'une chose héréditaire vendue, le possesseur a pu être obligé de rendre le prix ; il cesse alors d'être dû à l'héritier : il en serait de même si le prix avait été rendu à l'acheteur, à cause de la nullité de la vente ou de sa rescision. Si l'éviction n'a pas enlevé en entier le prix au possesseur, il devra compte de ce qui lui en reste. Le prix, même intégral, pourrait être exigé par l'héritier si l'objet vendu avait péri chez l'acheteur, ou avait été usucapé par lui : pour qu'il en soit ainsi, il y a deux raisons : le demandeur aurait pu lui-même vendre, par suite, avoir le prix malgré la perte ; en second lieu, le prix de vente entre les mains du possesseur est un gain qu'il doit à sa prétendue qualité d'héritier.

4° Ce quatrième chef de restitution comprend ce qui a été acquis pour l'utilité de l'hérédité. Aucun doute si l'acquisition est faite avec les deniers de la succession et en vue de l'hérédité. (L. 20 — 5, 3.) Que si l'acquisition est faite avec l'argent du possesseur, les textes exigent qu'il y ait une grande utilité pour l'héritier à la réclamer ; en effet, sa prétention sur cette chose, qui n'a appartenu ni au *de cujus* ni à l'hérédité, ne peut s'expliquer que par la présomption que le possesseur a entendu posséder pour l'hérédité et, par la possession, lui faire acquérir la propriété. Dans le premier cas, la preuve de cette intention suffit, puisque l'équivalent provient de la succession ; dans le second cas, il faut que, à l'intention du possesseur se joigne l'avantage de l'hérédité, ou, plutôt, l'affectation des choses acquises

à son usage : ainsi l'emploi des ustensiles, ou des esclaves, à la culture d'un fonds héréditaire. De ce que
l'intention d'acquérir à l'hérédité doit avoir existé chez
le possesseur pour qu'il y ait une cause à la restitution,
il s'ensuit que, si cette intention fait défaut, ce qui a
été acheté, même avec l'argent héréditaire, n'est pas
compris dans la restitution. Mais n'est-ce pas contraire
à la règle que le prix d'un objet héréditaire est toujours
héréditaire? Non, le possesseur n'est pas tenu de rendre
in specie les deniers de la succession ; il en est donc
devenu propriétaire et a pu les faire servir à une acquisition qui lui soit propre : s'il n'en était pas ainsi, on ne
concevrait pas qu'il ait pu acheter, car il a dû rendre
son vendeur propriétaire du prix; ceci suppose bien
que le possesseur avait acquis la propriété des sommes
trouvées dans la succession.

5° Enfin les fruits des biens de la succession sont
compris dans la restitution comme faisant partie inté-
grante de l'hérédité : *fructus augent hereditatem.* Ce
cinquième chef de restitution ne diffère donc du troisième que par l'application ; car le produit d'une chose
héréditaire, le part des esclaves, *auget hereditatem.*

Au fur et à mesure de leur perception, tous les fruits
deviennent de véritables biens héréditaires; il en résulte
que l'héritier obtient les fruits, quoiqu'il ait négligé de
conclure spécialement à leur restitution. (L. 2, — 3,
31, C.) Il en serait de même des intérêts des créances
de la succession touchés par le possesseur. — On ne
fait aucune distinction entre les fruits dont la perception est honnête et licite et les autres gains que le possesseur a pu réaliser (L. 52, — 5, 3) : *ne honesta inter-*

pretatio non honesto quæstui lucrum possessori faciat; il est, au contraire, bien évident qu'on ne peut punir le possesseur, quel qu'il soit, pour s'être refusé à percevoir des fruits qu'un honnête administrateur n'eût pas perçus.

Il faut encore restituer les fruits du gage donné au défunt que le possesseur a recueillis même avant la demande; enfin, les fruits des fruits, comme provenant de véritables choses héréditaires. Les fruits produits par les choses achetées avec les deniers de la succession ne sont pas restitués à l'héritier; la raison en est simple : c'est que ces choses, en principe du moins, appartiennent au possesseur.

A aucune époque on ne peut révoquer en doute l'existence de la règle *fructus augent hereditatem :* si l'on fait abstraction d'un tempérament qui résulte du Juventien, tous les fruits perçus avant ou après la *litis contestatio* sont compris dans l'universalité. Au contraire, pour la *rei vindicatio,* c'est une question très-controversée de savoir si le possesseur de bonne foi acquiert les fruits perçus comme le propriétaire lui-même, ou si l'acquisition définitive n'en a lieu, à son profit, que par la consommation. Je crois qu'à l'époque classique la restitution ne portait pas sur les fruits extants perçus de bonne foi. (L. 78, 6, 1 ; — L. 25, § 1, — 22, 1.) Sans entrer dans une discussion étrangère à la pétition d'hérédité, je fais observer qu'il n'y a pas à raisonner par analogie pour la revendication de ce que la distinction entre les fruits consommés et les fruits non consommés est faite dans la pétition d'hérédité. Elle y a été introduite à cause du caractère universel de cette action.

Il y a si peu analogie que, même après la constitution de Dioclétien (L. 22, — 3, 32 C.), il faut une demande spéciale pour les fruits antérieurs à la *litis contestatio* et non consommés; or, cela n'a jamais été nécessaire dans l'action en pétition d'hérédité. Pour soutenir que cette différence, quant à la restitution des fruits, a existé entre la *rei vindicatio* et la pétition d'hérédité, on peut invoquer, en outre, la constitution 2, Code, — 3, 31. Caracalla et Septime-Sévère disposent que, si Musée a acheté la moitié de l'hérédité de Menecrate à l'héritier institué après que l'hérédité lui est disputée, Musée doit restituer les fruits. Que s'il a acheté avant le commencement du procès, il n'est tenu de les restituer qu'à partir de la *litis contestatio*.

Si du temps de Papinien, le possesseur avait dû restituer les fruits non consommés, les empereurs n'auraient pas, dans la dernière hypothèse, parlé seulement des fruits perçus depuis la *litis contestatio*, et ils n'auraient pas fait cette opposition entre le cas où Musée, à cause de sa mauvaise foi, est traité sur la pétition d'hérédité comme possesseur *pro possessore*, et le cas où il peut repousser la règle *fructus augent hereditatem*, et se faire traiter comme possesseur *pro emptore*. « La position du possesseur de bonne foi dans les deux actions eût été presque identique et non opposée. — C'est probablement pour faire cesser cette différence que, plus tard, on a admis sur les fruits non consommés la nouvelle règle qui est consignée dans le rescrit de Dioclétien et de Maximien, et qui s'est glissée par interpolation dans quelques textes des Pandectes. » (M. Pellat, p. 363, — L. 22, — 3, 32; — L. 4, § 2, — 10, 1; —

L. 40, — 41, 1 ; — L. 4, § 19, — 41, 3 ; — L. 1, § 2,
— 20, 1.)

§ 2. — Restitution des Droits héréditaires.

Si la possession *pro herede* ou *pro possessore* d'un droit rend passible de la pétition d'hérédité, c'est que les droits sont comme les choses corporelles au nombre des restitutions que le défendeur doit effectuer. On peut, au point de vue de leur restitution, distinguer trois espèces de droits : 1° ceux qui compètent à l'hérédité ; 2° ceux qui compètent au possesseur *ex hereditate ;* 3° enfin les servitudes actives, personnelles ou prédiales.

1° *Droits compétant à l'hérédité.* — Les actions *in rem* ou *in personam* doivent être cédées à l'héritier ; il n'y a que quelques exceptions à la transmissibilité des actions *in personam :* la *querela* est la seule action *in rem* qui n'est pas transmissible *ipso jure*. La restitution ne peut rien changer ni à la nature ni aux modalités d'une action : si la dette est à terme ou conditionnelle, la question d'hérédité sera jugée immédiatement ; quant à la condamnation, elle n'aura lieu qu'à l'arrivée du terme ou de la condition. (L. 16, — 5, 3.) La plus *petitio tempore* ne peut donc se produire au temps classique lorsque le *possessor juris* est poursuivi par la pétition d'hérédité au lieu de l'être par l'action spéciale. Il y a moins d'évidence à ce que la pétition d'hérédité n'influe en rien sur les condamnations que l'action spéciale entraînerait : aucun doute, toutefois, pour la condamnation au double par l'*actio judicati* contre le débiteur

que le défunt avait fait condamner ; l'*actio judicati*
cédée à l'héritier pourra s'étendre au double. Mais la
loi 20, § 5, — 5, 3, donne une décision contraire quant
à l'action de la loi Aquilia. Il faut la restreindre au cas
où celui qui a causé quelque dommage à un bien de la
succession nie devoir en rendre compte parce qu'il se
prétend héritier, ou conteste que le demandeur ait cette
qualité ; l'*inficiatio* sur l'existence du dommage est la
seule qui entraîne une condamnation au double. Cujas
a donc vu à tort, dans la loi 20, § 5, une conséquence
du faux principe que la pétition d'hérédité est une action
de bonne foi ; car l'héritier pourrait exercer au double
l'action de la loi Aquilia, si le défendeur soutenait n'a-
voir pas détruit ou détérioré le bien héréditaire. La
nature de l'action reste la même, bien qu'elle soit comprise dans la pétition d'hérédité. Ainsi, le *possessor
juris*, obligé par son fils ou par son esclave, ne sera
tenu que jusqu'à concurrence du pécule ; ce père ou ce
maître pourra, comme sur l'action *de peculio*, déduire
ce qui lui est dû. (L. 36, — 5, 3.) Il ne peut faire cette
déduction qu'autant que les valeurs reçues du défunt
par le fils ou l'esclave, en s'obligeant, sont confondues
dans le pécule ; si elles étaient encore distinctes, les
règles de l'action *de in rem verso* recevraient leur application. On a soutenu cependant que la nature de
l'action *de peculio* se trouvait altérée en ce que, d'annale qu'elle était, elle devient perpétuelle ; le possesseur, a-t-on dit, s'est payé à lui-même puisqu'il pré-
tendait être héritier ; la prescription n'a donc pas pu
courir. Il serait bizarre que la prétention du possesseur
de bonne foi conservât le droit du demandeur négligent.

Enfin, le juge peut tenir compte, dans la pétition d'hérédité, d'une action noxale : le possesseur pourra se
libérer par l'abandon de l'esclave dans les cas où le
défunt l'aurait pu faire; cette faculté cesserait donc
si une condamnation avait déjà été rendue. L'action
in personam peut avoir pris naissance lorsque l'hérédité était déjà ouverte, soit par la stipulation d'un
esclave de la succession, soit par la gestion d'un tiers,
soit par un délit, ainsi le *crimen expilatæ hereditatis;*
les mêmes principes régiront la restitution de ces actions.

2° *Droits compétant au possesseur ex hereditate.* —
Bien qu'un acte juridique du possesseur lui ait fait
acquérir un droit de créance, il doit être restitué au
demandeur s'il a été acquis à l'occasion de l'hérédité et
en raison de la qualité d'héritier. La cession au demandeur s'effectuera par un mandat que lui donnera le possesseur avec dispense de rendre compte. Parmi les
actions que le défendeur à la pétition d'hérédité a acquises *ex re hereditaria,* on peut citer des actions *ex
contractu* ou *ex maleficio : Ex contractu,* si le possesseur
a vendu une chose héréditaire dont le prix lui est encore
dû; s'il a loué, prêté, donné à précaire une chose de la
succession. L'action peut même dériver de ses obligations d'héritier : ainsi l'héritier institué qui a payé
des legs contenus dans un testament nul à la *condictio
indebiti;* si la femme a donné en dot l'hérédité qui ne
lui appartient pas, elle devra, si elle est actionnée après
le divorce, céder l'action *rei uxoriæ* qui lui appartient;
ex maleficio, ainsi le possesseur ayant été dépouillé par
violence doit céder l'interdit *unde vi.*

3° *Servitudes personnelles et prédiales.* — Les applications qui précèdent de la restitution des droits sont assez nombreuses pour que la décision de Paul, quant aux servitudes, soit vraiment inexplicable. (L. 19, § 3, — 5, 3.) Elles ne sont pas comprises dans les restitutions parce que, dit le texte, le possesseur n'a rien à céder, les servitudes étant choses incorporelles. Cujas et Doneau acceptent cette solution : dès qu'il n'y a lieu ni à payement, ni à restitution, ni à cession, on ne conçoit pas la pétition d'hérédité; que si le possesseur fait obstacle à l'exercice de la servitude, le demandeur, sans le secours d'aucune cession, pourra intenter la confessoire. Ces raisons ne sont vraiment pas sérieuses : on donne la confessoire à défaut de la pétition d'hérédité ; mais à quoi aboutit-elle ? Ce n'est pas à une restitution (il n'y a donc pas à se préoccuper du point de savoir si le défendeur peut faire une cession), mais à une caution de respecter le droit de l'héritier (L. 7, —. 8, 5); or, c'est précisément le but de la pétition d'hérédité lorsque la restitution immédiate n'est pas possible, ainsi au cas de créance conditionnelle : *Cavere officio judicis debeat.* (L. 16, — 5, 3.) Cujas et Doneau auraient dû blâmer Ulpien d'avoir accordé, dans ce dernier cas, la pétition d'hérédité, la restitution n'étant pas possible. Ils n'expliquent pas, d'ailleurs, le texte de Paul, par rapport aux servitudes personnelles : une servitude de ce genre, exercée par le défunt, peut continuer au profit de l'hérédité, soit pour l'usufruit, parce que le possesseur de l'hérédité est le fils qui l'avait acquise au père, soit pour les *operæ servorum*, à cause de la nature même de cette servitude.

Cujas a approuvé une autre décision de Paul (L. 19, § 1, — 5, 3), qui n'est guère plus rationnelle que la précédente : si l'héritier a complété l'usucapion commencée par le défunt, il est devenu propriétaire à titre singulier. S'il a perdu la possession, il faut qu'il revendique ; il ne peut intenter la pétition d'hérédité ; cependant, si le possesseur actuel nie, non pas que le défunt a possédé *pro emptore*, mais que le demandeur ait usucapé parce qu'il conteste sa qualité d'héritier, et, par suite, la jonction de sa possession à celle du défunt, nécessaire à l'usucapion, la question d'hérédité reparaît bien alors comme question principale, et l'on a peine à comprendre que Paul dénie la pétition d'hérédité ; d'autant plus que, dans l'espèce d'usucapion accomplie par l'héritier, l'action *familiæ erciscundæ* serait recevable. (L. 9, — 10, 2.) Cujas prévoit cette objection ; selon lui, la différence tient à ce que, dans cette dernière action, la qualité d'héritier n'est pas contestée... N'est-ce pas là, au contraire, une raison décisive pour admettre la pétition d'hérédité? Enfin, dans la loi 36, § 2, — 5, 3, Paul, pour citer un cas où la pétition d'hérédité n'est pas donnée à l'héritier parce qu'il a personnellement une action distincte, suppose le meurtre de l'esclave héréditaire commis après l'adition : il renvoie l'héritier à se plaindre par l'action de la loi Aquilia. Cette décision me paraît, comme les précédentes, contraire aux principes, car Paul suppose dans le commencement de la loi 36, § 2, que le meurtrier de l'esclave est un possesseur *pro herede*. Ce principe, que l'héritier qui a une action distincte ne peut intenter la pétition d'hérédité, s'appliquera au patron qui succède à son affranchi ; il agira par l'action calvisienne contre ceux qui ont acquis de cet affranchi en fraude de ses droits. (L. 16, § 6, — 5, 3.)

Des Prestations personnelles dues par le possesseur à l'héritier.

L'office du juge de la pétition d'hérédité ne consiste pas seulement dans la condamnation du défendeur à restituer ce qu'il possède, le juge doit encore rechercher si la diminution et la transformation des biens qui composent la masse héréditaire n'ont pas fait naître, à la charge du possesseur, certaines obligations qu'on qualifie de prestations personnelles (L. 25, § 18, — 5, 3) par opposition aux restitutions proprement dites. La condition de tous possesseurs, quant aux restitutions, est la même : la bonne foi est un titre insuffisant pour garder par devers soi le bien d'autrui. Dès, au contraire, qu'on demande compte au possesseur de l'usage qu'il a fait de sa possession, et qu'il ne s'agit plus de ce qu'il possède mais de ce qu'il devrait posséder, il est bien raisonnable de distinguer le possesseur de bonne foi et le possesseur de mauvaise foi, et de se montrer plus rigoureux envers ce dernier.

Les prestations personnelles ne doivent être qu'une ressource subsidiaire, car elles ne garantissent pas l'héritier, contre l'insolvabilité du défendeur, au delà de la valeur des biens héréditaires que celui-ci possède lors de la sentence ; or, comme il peut obtenir la possession de nouveaux biens entre l'époque de la demande et celle de la sentence, pour assurer leur restitution, le demandeur, qui s'est déjà fait donner la caution *judi-*

catum solvi, reviendra devant le préteur afin de contraindre son adversaire, à raison de l'augmentation de sa possession, à lui donner des fidéjusseurs pour une somme plus forte. En second lieu, ces prestations ne sont dues qu'autant que la chose héréditaire elle-même n'est pas restituée, à moins, toutefois, que le possesseur, en ne restituant que cette chose, réalise un gain. Il peut se faire que le possesseur ait vendu, puis racheté de ses propres deniers, un bien de la succession ; il ne devra pas à la fois le prix de vente et la chose elle-même ; il ne devra que la chose ; que si le prix de rachat est inférieur au prix de vente, il devait, en outre, la différeuce entre eux, parce que, disait-on, il a fait cette opération avantageuse au moyen d'un bien héréditaire.

Enfin, puisque la distinction entre la possession de bonne et de mauvaise foi doit se présenter continuellement, je rappelle qu'il y a bonne foi quand le défendeur se croit réellement héritier ; j'ai déjà dit à quoi pouvait tenir son erreur, et qu'il n'y avait pas à distinguer entre l'erreur de droit et l'erreur de fait. La bonne foi peut ne pas durer : pour l'usucapion il suffit qu'elle existe *ab initio;* ici, au contraire, on n'en tient compte qu'autant qu'elle persiste ; dès qu'elle cesse, les règles de la mauvaise foi commencent à s'appliquer ; c'est ce que décide Ulpien, en suivant plutôt l'esprit que la lettre du Sénatus-Consulte sur la pétition d'hérédité. (L. 25, § 5 — 5, 3.)

C'est dans ce Sénatus-Consulte célèbre, appelé par les interprètes S. C. Juventien, du nom de Juventius, l'un des consuls qui, au nom de l'empereur Adrien, le proposa au sénat, que se trouve l'organisation complète des prestations personnelles d'après la bonne ou la mauvaise foi du possesseur. La loi 20, § 6, donne le texte de ce S. C; peut-être n'y est-il pas en entier. On a de fortes raisons de croire que c'est le même S. C. Juventien qui a restreint d'une façon si grave l'usucapion *pro herede*.

§ 1er. — Du Possesseur de mauvaise foi.

Le S. C. Juventien modifie sensiblement la condition du possesseur de mauvaise foi ; il est certain qu'auparavant le possesseur de mauvaise foi était responsable des détériorations qu'il causait par sa faute aux choses héréditaires, mais il n'était pas astreint à être soigneux et diligent. Après le Sénatus-Consulte, il ne suffit pas qu'il conserve l'hérédité pour la rendre à l'héritier légitime, il ne doit pas négliger les occasions de l'augmenter. Aussi peut-on dire que le Sénatus-Consulte établit un rapport d'obligation entre le possesseur et l'héritier ; le possesseur doit répondre du dol passé, *dolus præteritus*, et même de sa faute ; et, de cette obligation, on concluait qu'il devait payer la valeur des fruits qu'il avait négligé de percevoir. Le possesseur de bonne foi, au contraire, n'était tenu que dans la limite de son enrichissement : « Il peut » très-licitement disposer des choses de la succession, » et cesser, de telle manière que bon lui semble, de » posséder des choses qu'il croit de bonne foi lui appartenir. Il ne commet en cela aucun dol envers » personne ; il n'a pu contracter, à l'égard desdites

» choses, aucune obligation envers le véritable héri-
» tier à qui il ignorait qu'elles appartenaient. »

Cette rapide esquisse ne peut suffire, il faut entrer dans le détail des obligations du possesseur de mauvaise foi : 1° Quant à ce qu'il a cessé de posséder ; 2° Quand à ce qu'il a négligé d'acquérir par dol ou par faute.

1° *Obligations du possesseur de mauvaise foi quant aux choses qu'il a cessé de posséder.* Il répond de tout ce qu'il devait conserver, et il n'est déchargé de toute responsabilité que si la chose a péri par cas fortuit (L. 25, § 2, — 5, 3); car le Sénatus-Consulte ne permet de condamner que celui *qui fecit quominus possideret.* Toutefois, le possesseur a dû restituer dès qu'il a su que l'hérédité ne lui appartenait pas ; il est alors en demeure et il répond de toutes les suites, mêmes fortuites, que peut amener son retard à restituer. (L. 20, — 13, 1.) Le possesseur de mauvaise foi ne pourra se déchar- ger des cas fortuits qu'en prouvant que la chose eût également péri chez le demandeur ; et cette preuve, elle-même, est insuffisante si le demandeur oppose qu'il eût vendu la chose avant l'arrivée du cas fortuit. (L. 20, § 21, — 5, 3; — L. 14, § 1, — 16, 3.) Ces textes et les lois 40 pr. — 5, 3; 47, § 6, — 30, ont fait penser à M. de Savigny que l'intention de vendre l'objet est un motif et non pas une condition nécessaire de la res- ponsabilité du possesseur de mauvaise foi ; mais le pas- sage suivant de la paraphrase des Basiliques doit faire rejeter son opinion : « Si l'esclave était à vendre, et que le demandeur l'eût vendu, s'il l'avait sans demeure reçu du défendeur, il est plus vrai de dire que l'esti- mation doit être restituée au demandeur qui a éprouvé la demeure. » C'est aussi la décision formelle de la loi 15, § 3, — 6, 1, et la décision implicite de la loi 36, § 3,—5, 3. Rien de plus juste, d'ailleurs : le possesseur de mauvaise foi, ou même le possesseur de bonne foi, qui a pu reconnaître, au simple exposé de sa demande, que son droit n'était pas fondé, devait restituer ; la perte qui arrive pendant le retard doit plutôt lui nuire qu'au demandeur, qu'il faut , autant que possible, mettre dans la position où il eût été si justice lui avait été rendue au moment même de la *litis contestatio*. L'espèce de demeure, qui pèse d'ordinaire sur le possesseur de mauvaise foi, n'a pas lieu quand le *prœdo* est un *possessor juris* ; l'héritier eût dû intenter une action en tout état de cause, l'action de la dette, si ce n'est la pétition d'hérédité ; on n'est plus, du reste, dans les termes par lesquels le Sénatus-Consulte désigne le *prœdo* : « *Qui bona invasissent quum scirent ad se non pertinere.*

Si le possesseur de mauvaise foi a causé, par dol ou par faute, des pertes totales ou partielles, il est considéré comme possédant encore ; je n'indique, dès à présent, qu'une application de cette fiction de possession ; le possesseur de mauvaise foi qui a vendu un objet de la succession continuera à devoir le prix ou la chose, au choix du demandeur ; le sort du contrat de vente sera donc entre les mains de l'héritier, qui ne le ratifiera, cela est bien évident, qu'autant que le prix sera supérieur à la valeur réelle du bien vendu, ou que l'acheteur sera disposé à lui payer la différence entre son prix d'achat et la valeur réelle. Dans un cas, cependant, le demandeur doit se contenter du prix et ne peut réclamer la valeur de la chose : c'est celui où elle a péri chez l'acheteur et où elle eût dû également périr chez le défendeur. Le demandeur ratifiera encore forcément la vente si elle a été faite dans l'intérêt de l'hérédité : ainsi, ce que le possesseur a vendu était susceptible de périr ou de se détériorer, ou bien, la vente était nécessitée par des réparations urgentes ou par l'existence de dettes dont le non-payement eût fait encourir une clause pénale. (L. 5 et 53, — 5, 3.) Dans toutes ces hypothèses, le demandeur devra se contenter du prix, que la vente ait eu lieu avant ou après la *litis contestatio*. On pourrait objecter que, dès que la demande est formée, il n'est plus permis au possesseur de rien vendre des biens de l'hérédité; qu'il faut qu'il en soit ainsi pour que le demandeur ne souffre pas des lenteurs de la justice; mais un rescrit d'Antonin le Pieux autorise le défendeur à aliéner librement s'il a fourni, au début du procès, la caution pour la restitution de la valeur des objets qui seraient vendus. Le défendeur peut même aliéner, sans avoir donné cette caution spéciale, si l'aliénation est réclamée par une bonne administration. L'héritier doit encore respecter le fait accompli si le défendeur a perdu la possession par l'effet d'un jugement auquel il a défendu sans collusion. Enfin, il est presque inutile de dire que si le défendeur avait cessé de posséder un objet parce qu'il l'avait délivré à l'héritier lui-même, ainsi à titre de legs, celui-ci ne pourrait pas garder le legs et demander en outre sa valeur.

La *litis contestatio* du *prædo* ne fait que sceller sa mise en demeure ; il semble même que, dès ce moment, tout possesseur doive être traité comme un *prœdo :* il n'en est pas cependant ainsi d'une façon absolue.

2° *Obligations du possesseur de mauvaise foi quant aux choses qu'il a manqué d'acquérir par dol ou par faute.* — La diligence que doit apporter le possesseur de mauvaise foi dans la gestion de l'hérédité est celle du bon père de famille en général, et non pas seulement celle qu'il apporte à ses propres affaires. Il suffit de poser cette règle quant aux choses héréditaires : c'est dans cette mesure que le défaut d'entretien sera imputable au *prœdo.* Quelques détails, au contraire, sont nécessaires par rapport : 1° aux actions qu'il a négligé d'intenter ; 2° aux fruits non perçus ; 3° aux intérêts.

A. *Actions.* Pour que le possesseur de mauvaise foi soit responsable, il faut qu'au moment de la sentence l'action ne soit plus ce qu'elle était au début de la possession ; que, de plus, il ait pu prévenir sa diminution ou sa perte résultant ou de l'insolvabilité du débiteur, ou de l'extinction du droit, faute d'avoir engagé ou poursuivi l'instance. Or, le *prœdo* n'a pas pu agir, par suite conserver les actions, si les débiteurs savaient qu'il n'était pas véritable héritier (L. 31, § 4, — 5, 3) : *Illud prœdoni imputari non potest..... quum actionem non habuerit.* Cette excuse ne pourrait pas être invoquée par le *prœdo* s'il était lui-même débiteur ; il ne saurait alors être question de perte de l'action, puisqu'il a dû *a semetipso exigere.*

B. *Fruits non perçus* ou *fructus percipiendi.* Ce sont les fruits que le possesseur de mauvaise foi a refusé ou négligé de percevoir et qu'un bon père de famille eût perçus. (Paul, *Sent.,* L. I, t. XIII B., § 9.) En vertu d'un passage de la loi des XII tables que rapporte Festus (tab. XII), le possesseur de mauvaise foi devait au double les fruits qui auraient dû être perçus après la *litis contestatio*. Paul, *Sent.*, lib. I, t. XIII, § 8, dit, en effet : *Possessor hereditatis qui ex ea fructus capere vel percipere neglexit duplam eorum aestimationem præstare cogitur*. Cette restitution au double, des fruits *percipiendi* depuis la *litis contestatio*, était sans doute garantie par les *prædes litis et vindiciarum* sous les actions de la loi, puis sous le système formulaire, d'abord par la *satisdatio pro præde litis et vindiciarum* de la procédure *per sponsionem*, ensuite par l'*arbitrium judicis* lorsqu'on procédait *per formulam petitoriam*. Paul nous apprend, d'ailleurs, qu'il ne fallait pas étendre cette restitution du double au temps antérieur à la *litis contestatio* (Paul, *Sent.* V, 9, § 2), et c'est ce que confirme la loi des Bourguignons, tit. VIII et XXXV : *Post conventionem duplos fructus cum rei ipsius restitutione dissolvat*. La restitution au simple des fruits *percipiendi*, avant la *litis contestatio*, avait lieu au moins depuis le Juventien (L. 25, §§ 4 et 9, —5, 3), puisqu'il sous-entendait un lien d'obligation du possesseur envers l'héritier. Par analogie de la pétition d'hérédité, on étendit à la revendication l'obligation du possesseur aux fruits non perçus. (L. 27, § 3, — 6, 1.) Les Constitutions impériales vont plus loin ; elles appliquent aux fruits que le possesseur de mauvaise foi a négligé de percevoir avant la *litis contestatio*, la restitution au double qui n'avait lieu qu'après du temps de Paul (L. I, Cod. Théod., *de Fruct.*) : ceci paraît du moins résulter de ce que le possesseur de mauvaise foi est, quant aux fruits *percipiendi*, assimilé au possesseur depuis la *litis contestatio*. Sous Justinien, il n'est plus question de restitutions au double même depuis la *litis contestatio* (**L. 2, C.** *de Fruct.*); mais Justinien maintient, contre le possesseur de mauvaise foi, la restitution des fruits *percipiendi* du moment où a commencé sa possession.

Que doit-on entendre par *fructus percipiendi?* Sont-ce ceux que le possesseur aurait pu percevoir s'il avait employé sa diligence habituelle ou plutôt ceux que le demandeur aurait lui-même perçus s'il eût été en possession ? Pour soutenir que l'obligation doit se mesurer *ex parte rei*, les textes ne font pas défaut (L. 25, § 4, — 5, 3; L. 1, § 1, C. — 3, 31; L. 5, C. — 3, 32; L. 2, C. *de Fruct.*) : on peut, en sens inverse, citer comme se rapportant au demandeur. (L. 62, § 1, — 6, 1 et L. 4, C. — 8, 4.) Aussi, cette question compte-t-elle parmi les plus controversées du droit romain, et à côté des deux systèmes extrêmes, diverses distinctions tendant à expliquer ces différents textes ont été proposées. Les uns (MM. Ducaur. et Estienne), se fondant sur le mot « *pene,* » du § 2, *de Off. Jud.*, aux Inst. et sur les lois 62, § 1, — 6, 1, 25, § 1, — 5, 3, disent que dans la *rei vindicatio* on devait rechercher ce que le demandeur eût dû recueillir, et que dans la pétition d'hérédité on appréciait *ex parte rei*. La différence de rédaction des deux derniers textes est assez sensible ; toutefois, la loi 62, § 1, peut n'avoir pas d'autre portée que de repousser l'appréciation *in concreto* de la responsabilité du possesseur. Il suffit, d'ailleurs, pour écarter cette opinion, du texte des lois 5, Code 3, 32 et 2, Code *de Fructibus*, avec lequel elle met en contradiction la loi 62, § 1. En second lieu, on a voulu distinguer entre le possesseur de bonne foi et le possesseur de mauvaise foi (Vangerow, § 333); celui-ci devrait les *fructus percipiendi* que le demandeur lui-même aurait perçus : ce qui constituerait, après la *litis contestatio*, une différence entre ces deux possesseurs. Cette nouvelle opinion ne rend pas raison de la loi 4, C. — 8, 4, ni d'un autre texte, la loi 39, § 1, — 30. M. Pellat (*de rei Vind.*, p. 350), prenant pour point de départ le § 9, l. 13, A des *Sent.* de Paul : « *Ili fructus in restitutione prœstandi sunt petitori quos unusquisque diligens paterfamilias et honestus colligere potuisset,* » voit principalement une question de faute dans les textes invoqués de part et d'autre : « Le juge aura simplement à estimer quels fruits aurait perçu un bon administrateur en général; mais il peut se présenter des cas où le demandeur, par sa position particulière, aurait pu retirer un revenu plus considérable que le défendeur n'aurait été à portée de le faire, quand même il aurait usé de toute la diligence dont il est capable. Le possesseur de mauvaise foi, en demeure de restituer la chose, doit replacer le demandeur dans la situation où il aurait été si justice lui eût été rendue sur-le-champ : il devra donc payer au demandeur la valeur des fruits que celui-ci eût pu percevoir. » Cette opinion, très-équitable en soi, a sur celle de M. de Savigny (t. VI, p. 115), qui se demande uniquement s'il y a faute de la part du possesseur, et non pas si ce possesseur est de bonne ou de mauvaise foi, l'avantage d'expliquer, sans la modifier, la loi 62, § 1, — 6, 1, d'après la leçon de la Florentine, qui est « *fruiturus sit;* » cette

leçon est, il est vrai, douteuse : la Vulgate portant
« *fruitus sit.* » — Reste contre ce système l'objection
tirée du mot « *pene,* » § 2, *de Off. jud.* On serait tenté
de dire que ce mot se justifie en ce que, dans la pétition
d'hérédité, *fructus augent hereditatem ;* tandis que
dans la revendication, il faut une demande spéciale
quant aux fruits ; mais ce n'est pas une différence qu'on
soit fondé à restreindre aux fruits non perçus, et le texte
s'occupe de ceux-ci. Il est probable que le § 2 *de Off.
jud.* aura été emprunté maladroitement par Justinien à
un jurisconsulte postérieur au Juventien et antérieur à
l'extension de ce sénatus-consulte à la revendication :
jusqu'à cette époque, il y eut, en effet, des différences
quant aux fruits non perçus entre les deux actions.
Cependant, cette conjecture laisse quelques doutes :
Théophile annonce qu'il a donné l'explication du mot
pene dans un de ses ouvrages qui ne nous est pas parvenu ; ce mot avait donc quelque portée ; laquelle ? il
faut se résoudre à l'ignorer. Cette célèbre question des
fructus percipiendi est, en conséquence, au fond, une
question de faute, à laquelle se joint probablement une
distinction accessoire et accidentelle résultant de la
bonne ou de la mauvaise foi du possesseur. Il faut donc
rejeter la doctrine fort subtile fondée par un auteur
allemand sur l'emploi différent des mots *percipere* et
colligere : le possesseur de mauvaise foi serait responsable seulement des fruits qu'il aurait négligé de recueillir, et non de ceux qu'il aurait négligé de faire
produire. Cette opinion n'est pas rationnelle : puisqu'on n'impose au possesseur de mauvaise foi que la
diligence d'un bon père de famille, il y a égale faute

à ne pas faire produire et à ne pas recueillir ; mais elle est, en outre, contraire à de nombreux textes, notamment aux lois 31, §§ 3 et 33, — 5, 3.

C. *Intérêts*. A partir de quelle époque l'héritier peut-il demander au possesseur l'intérêt des sommes héréditaires ? Il faut examiner cette question pour les intérêts avant et après la *litis contestatio*.

Il y a difficulté à mettre à la charge du possesseur de mauvaise foi les intérêts avant la *litis contestatio*. S'agit-il des fruits *percepti* ou *percipiendi*, rien de plus juste qu'en demander compte au possesseur ; il a pu ou a dû les recueillir sans courir aucun risque. Mais il faut bien remarquer que le placement d'une somme d'argent expose le prêteur à l'insolvabilité du débiteur, et ces risques ne peuvent être mis à la charge du demandeur, il dirait au possesseur : à moins que vous ne puissiez établir que vous n'avez pas touché aux deniers extants et que vous les avez conservés *in specie*, ce que vous me devez, c'est une somme ; *genera non pereunt*. Le possesseur est donc débiteur d'une somme ; s'il fait quelque opération, c'est à ses risques et périls ; or, on attribue généralement le profit des intérêts à celui qui a couru les chances de l'insolvabilité. Aussi Accurse et Ant. Favre ont-ils permis de garder les intérêts même au *prædo* ; il ne faut pas, cependant, donner à leur opinion une portée qu'elle n'a pas : ils laissent au possesseur, de bonne ou de mauvaise foi, les bénéfices ou les pertes d'une opération toujours un peu aléatoire ; si ce possesseur a perçu les intérêts des créances, s'il a perçu, ou même s'il a dû percevoir les intérêts du prix de vente des choses héréditaires (quand le demandeur ne

préfère pas réclamer la chose), ils décident qu'à raison
de ces intérêts le possesseur est tenu de rendre compte.
Ceci n'implique pas contradiction : les intérêts dus au
défunt ou à l'hérédité sont de véritables capitaux qui
doivent être restitués comme toute autre chose de la
succession. D'autres auteurs, partant du même principe
que le possesseur ne doit pas les intérêts des sommes
héréditaires, ont été moins loin ; ils ont fait exception
pour les sommes employées par le possesseur à son
usage personnel ; à l'appui on a présenté deux textes
(L. 67, § 1, — 17, 2, et L. 10, § 3, — 17, 1) : le
mandataire ou l'associé a prêté en son nom personnel
des sommes appartenant à la société particulière ou au
mandant, il ne sera pas obligé de rendre compte des
bénéfices. On aurait tort d'en conclure qu'il ne doit
pas compte des intérêts des sommes ainsi employées
comme s'il les avait destinées à son usage personnel :
on se borne à dire que ce n'est pas là l'affaire du mandant ou de la société ; d'où la conséquence que si, à
cause de l'importance des risques, les intérêts avaient
été exceptionnellement élevés, le mandataire ou l'associé se libérerait en payant seulement l'intérêt ordinaire. D'après une autre opinion, le possesseur de mauvaise foi ne serait pas obligé de placer les sommes
héréditaires, mais s'il les avait placées avantageu-
sement, il en devrait les intérêts ; il ne serait pas
alors reçu à les retenir sous prétexte d'un danger de
perdre qu'il n'aurait pas couru en réalité ; au contraire,
s'il les avait prêtées à un débiteur devenu insolvable, il
pourrait imputer sur le capital qu'il doit restituer à
l'héritier les intérêts qu'il aurait touchés. — Le point

de départ de cette opinion est critiquable, et la distinction qu'elle fait fort arbitraire : il vaut mieux soutenir d'une façon absolue que le possesseur de mauvaise foi doit les intérêts des sommes de la succession dont il est tenu *in genere*, telles que celles qu'il a exigées des débiteurs ou qu'il a trouvées dans l'hérédité, s'il les a confondues avec ses biens propres. Son obligation ne tient donc pas à ce que les intérêts sont pour lui des profits provenus de l'hérédité : car il ne doit pas les intérêts lorsqu'il n'a pas confondu les deniers de la succession dans sa caisse (L. 20, § 1, — 5, 3), ou lorsqu'il est, à cause de son dol, présumé posséder : dans ces deux cas, il est débiteur d'un corps certain. (L. 3, § 4, — 22, 1.) La loi 51, § 1, — 5, 3, semble imposer au possesseur de mauvaise foi la charge de tous les intérêts, même des sommes d'argent dues *in specie;* elle décide, en effet, que tous les fruits perçus avant la *litis contestatio* portent intérêts ; mais la loi 15, — 22, 1, limite cette portée exagérée de la loi 51, § 1 : le mot « fruits » ne comprend dans ce texte que les sommes touchées à titre de fruits ; ainsi les fruits civils et le prix de vente des fruits eux-mêmes. Ce système est suffisamment justifié par les principes généraux de la demeure combinés avec le rapport d'obligation établi par le Juventien entre le possesseur de mauvaise foi et le véritable héritier ; il est de plus consacré par les lois 18, 20, § 14, — 5, 3, et 3, § 4, — 22, 1. Toutefois, M. Pellat déclare que la question est fort douteuse, et il est difficile de ne pas être de son avis. — Voilà pour les intérêts perçus. Que décider à l'égard des intérêts qui auraient pu ou dû être perçus ? Si le possesseur n'a pas touché d'intérêts parce qu'il a employé l'argent héréditaire à son usage personnel, il est certain qu'il sera tenu de les payer; s'il a conservé les deniers de la succession *in specie*, peut-on parfois, comme pour les fruits, lui demander compte des intérêts qu'il aurait dû leur faire produire? M. de Savigny (§ 271) pense que la décision de Papinien (L. 20, § 4, — 5, 3) doit être restreinte au cas où le défunt avait gardé cet argent comme fonds de réserve, comme *peculium*. (L. 79, § 1, — 30.) Cette restriction est arbitraire : le motif de la loi 20, § 4 (Comp., L. 62, — 6, 1), est que le possesseur ayant à supporter les risques de l'argent qu'il prête, on ne peut lui imputer à faute de ne l'avoir pas placé à intérêt. La loi 30, — 5, 3, donne une décision qui ne serait pas facilement conciliable avec les autres théories sur les *usuræ* : lorsque le possesseur de mauvaise foi a placé une somme de la succession, l'héritier a toujours l'option de réclamer le capital placé ou de ratifier le prêt; en ce dernier cas, il doit, pour avoir droit aux intérêts même échus, prendre l'opération à ses risques et périls. S'il peut abandonner les intérêts au possesseur et retenir le capital, n'en faut-il pas conclure que le possesseur n'était pas obligé de placer l'argent?

. Après la *litis contestatio*, la loi 51, § 1, — 5, 3, décide que les intérêts des fruits perçus ne sont pas dus par le possesseur. De prime abord cet adoucissement paraît singulier, mais il est conforme aux principes : les fruits antérieurs à la *litis contestatio* sont considérés comme objets héréditaires; les intérêts qu'ils produisent sont donc, sous les exceptions que j'ai indiquées, compris dans la demande; les fruits postérieurs à la *litis contes-*

tatio, au contraire, sont dus uniquement *ex officio judicis ;* c'est un accessoire de la chose qui doit être restitué avec elle, et qui ne doit pas produire lui-même des intérêts : il n'y aurait autrement aucune limite raisonnable aux restitutions. C'est pour ces fruits qu'est faite la règle *fructus fructuum, usuræ usurarum non debentur.* On pourrait opposer la loi 1 Code, — 3, 31, qui impose au possesseur de bonne foi lui-même l'obligation de servir les intérêts du prix des choses héréditaires vendues avant la *litis contestatio ;* mais cette constitution d'Antonin n'est pas en antinomie avec la loi 51, § 1, — 5, 3 : elle porte seulement que les fruits perçus et les sommes qui peuvent porter intérêts, touchées avant la *litis contestatio,* continuent ou commencent, si le possesseur était de bonne foi lors de la *litis contestatio,* à produire des intérêts ; or, c'est toute autre chose que dire les intérêts des fruits perçus après la *litis contestatio* seront dus. Quant aux intérêts des sommes d'argent, et non pas des fruits ou des intérêts, la *litis contestatio* ne change rien à la mesure dans laquelle ils doivent être prestés par le possesseur de mauvaise foi. Il faut prendre garde que le possesseur de bonne foi a été soumis aux mêmes obligations par l'effet de la *litis contestatio.* Toutefois, dans l'opinion de M. de Savigny, qui rend le possesseur de mauvaise foi comptable des *usurae percipiendae* quant aux sommes d'argent non comprises dans le *peculium* de réserve, il y aurait sous ce rapport, après la *litis contestatio,* une différence entre le possesseur de mauvaise foi et le possesseur de bonne foi, auquel on ne pourrait demander, bien évidemment, compte des intérêts non perçus.

Il y a intérêt à remarquer que les fruits ou intérêts, après la *litis contestatio*, sont dus seulement *ex officio judicis* : il n'y a pas d'action particulière pour les réclamer dès que la pétition d'hérédité n'est plus possible. Le Juventien avait créé un rapport d'obligation dont le juge devait tenir compte sur la pétition d'hérédité, et non pas sur une action indépendante ; aussi, tandis que les fruits perçus par le possesseur de mauvaise foi avant l'instance peuvent être l'objet d'une *condictio* s'ils sont consommés, ou d'une revendication s'ils sont extants, les fruits perçus par le possesseur de bonne foi et les fruits non perçus par le possesseur de mauvaise foi se trouvant compris réellement ou par fiction dans l'hérédité, étaient dus seulement *ex officio judicis*, comme le prouve le § 2 *de Off. jud.* aux Instit.

§ 2. — Du Possesseur de bonne foi.

La condition de celui qui croit avoir droit à l'hérédité est tout à fait différente, suivant qu'on l'examine avant ou après la *litis contestatio*, ou, plus exactement, avant ou après qu'il a appris, de quelque manière que ce soit, qu'il a un adversaire auquel il peut être contraint à restituer et à rendre compte. Quelque confiance que le possesseur ait dans son droit à l'hérédité, cette éventualité l'expose à presque toutes les conséquences d'une possession de mauvaise foi. Il y a, cependant, à partir de ce moment de transformation de la possession de bonne foi, une différence certaine avec la possession de mauvaise foi et deux autres qui sont controversées : la différence incontestée dérive de cette idée d'équité qu'il ne faut pas, pour donner effet rétroactif à la sentence du jour de la *litis contestatio*, forcer le défendeur de bonne foi à se démettre de ses prétentions par la crainte d'avoir à répondre des cas fortuits qui, pendant le cours du procès, pourraient diminuer l'hérédité. Jusqu'à la demande, le possesseur de mauvaise foi, lui-même, était libéré par la perte fortuite ; à partir de cette époque, on la met à sa charge : car sa possession indue devient inexcusable lorsqu'il contredit sciemment au droit du véritable héritier ; il n'y a aucune injustice à placer rigoureusement le demandeur dans la même position que si le juge avait pu statuer aussitôt après la *litis contestatio*. Mais comme il n'y a aucun dol de la part du possesseur de bonne foi à attendre la sentence du juge, on ne devait pas, contre lui, donner la même décision. (L. 40,—5, 3.) En second lieu, on peut soutenir que, pour les *fructus percipiendi* après la *litis contestatio*, le possesseur de bonne foi ne doit jamais compte que des fruits qu'il aurait pu percevoir s'il eût apporté la diligence d'un bon père de famille ; ou qu'il peut, en certains cas, avoir à restituer ceux que le demandeur lui-même aurait recueillis à raison de sa position particulière. Il était même, avant Justinien, hors de doute que le possesseur de mauvaise foi dût les restituer au double ; tandis que la règle, pour le possesseur de bonne foi, était dans tous les cas la restitution au simple. Enfin, suivant certains auteurs, le possesseur de mauvaise foi étant obligé de prester les intérêts non perçus, il y aurait, à ce point de vue, une troisième différence avec le possesseur de bonne foi.

Avant la *litis contestatio*, la règle du droit romain, sur l'étendue des obligations du possesseur de bonne foi, fut ainsi formulée d'après le sénatus-consulte Juventien (L. 28, — 5, 3) : *Omne lucrum auferendum est tam bonœ fidei possessori quam praedoni.* Aussi, à propos des restitutions des choses réellement possédées, n'y a-t-il pas eu à distinguer entre les possesseurs de bonne ou de mauvaise foi? Mais les différences apparaissent lorsqu'on s'occupe de ce que le défendeur a cessé de posséder ou a manqué d'acquérir. L'idée qui domine alors, c'est qu'on ne peut demander au possesseur de bonne foi au delà de ce dont il s'est enrichi. « Le possesseur qui croit de bonne foi que la succession « lui appartient, qui use et dispose des biens qui en « dépendent comme de choses qu'il croit de bonne foi « lui appartenir, ne contracte pas d'obligations envers « l'héritier; l'unique cause de celle qu'il contracte est « la règle d'équité qui ne permet pas que nous nous « enrichissions aux dépens d'autrui, ni, par conséquent, « que nous retenions le profit que nous avons retiré « des choses qui appartiennent à autrui, lorsque nous « venons à apprendre qu'elles appartiennent à autrui. » Il faut préciser le moment auquel on appréciera l'enrichissement du possesseur de bonne foi, avant d'entrer dans les détails d'application de ces principes. Est-il débiteur de tous les gains qu'il a tirés de l'hérédité à quelque époque que ce soit, ou, seulement, de ceux qu'il a conservés jusqu'à la *litis contestatio*, ou jusqu'à la sentence? Cette question fut certainement discutée entre les jurisconsultes : Ulpien, L. 25, § 1, — 5, 3 et L. 2, — 4, 2, s'attache à l'époque de la *litis contestatio* : le possesseur a vendu une chose héréditaire ; et, avec le prix, a acquis une autre chose au-dessus de sa valeur réelle ; ce qui est dû au demandeur, c'est le prix et non la chose acquise en contre-échange, mais ce prix n'est dû que jusqu'à concurrence de sa valeur réelle. Ulpien donnait la même solution sur l'action *quod metus causa*, où la question d'enrichissement se présente également pour savoir dans quelle limite on peut poursuivre les héritiers du coupable. Paul (L. 36, § 4, — 5, 3) semble aller plus loin, et décider, en faveur du possesseur de bonne foi, qu'il ne doit d'autre enrichissement que celui qui s'est maintenu jusqu'à la sentence. Cependant dans loi 127, — 50, 17, extraite du même livre 20 *ad edictum*, Paul rend le possesseur de bonne foi ou l'héritier, sur l'action *quod metus causa*, responsable, pourvu que l'enrichissement ait existé, eût-il cessé avant la *litis contestatio*. Il faut supposer, pour concilier ces deux textes, que Paul faisait un parallèle entre la pétition d'hérédité et l'action *quod metus causa*. Pourquoi, dira-t-on, traiter plus sévèrement l'héritier du délinquant que le possesseur de bonne foi ? La raison en est que l'action *quod metus causa*, action personnelle, résulte du fait de l'enrichissement des héritiers ; c'est la cause de leur obligation : une fois produite, elle ne peut disparaître avec l'enrichissement qui l'a engendrée. La pétition d'hérédité, au contraire, est une action réelle : le possesseur de l'hérédité ne peut restituer l'enrichissement que s'il existe encore au moment de la sentence. Aussi la doctrine de Paul dans la loi 36, § 4, est-elle plus conforme aux principes que celle d'Ulpien, car le possesseur de bonne foi, même après la *litis contestatio,* n'est pas tenu des cas fortuits ; et, à l'inverse, il doit compte des profits réalisés entre la *litis contestatio* et la sentence. Il n'y a pas à opposer à cette appréciation que, dès le début du procès, le défendeur est comptable du gain qu'il a omis de faire et des profits qu'il a dissipés par dol ou par faute : si le défendeur est alors tenu, ce n'est pas à cause du profit qu'il avait retiré ou qu'il aurait pu retirer, c'est par l'effet d'une obligation personnelle que la demande en pétition d'hérédité a fait naître : ces hypothèses sont exceptionnelles, en dehors des caractères ordinaires de l'action *in rem ;* elles ne sauraient donc servir à déterminer à quel moment l'enrichissement doit se rencontrer. A côté de ces deux opinions, de Paul et d'Ulpien, Julien proposait, pour l'action *quod metus causa,* la distinction suivante : L'obligation de l'héritier du délinquant ne survivrait qu'à la perte de l'enrichissement, qui a consisté ou a été converti en argent : il y a, alors, dette de genre. Cette distinction, assez rationnelle (car la preuve que l'argent provenant du délit n'a pas été dissipé par le délinquant, ou confondu avec ses propres deniers, est une preuve presque impossible), ne paraît pas avoir été proposée pour la pétition d'hérédité ; aucun texte du moins n'y fait allusion.

De ce qui précède il résulte que le possesseur de bonne foi ne peut être recherché pour ce qu'il a cessé de posséder avant la *litis contestatio ;* qu'il ne peut pas davantage être inquiété pour les détériorations des biens héréditaires : *quia quasi suam rem neglexit.* (L. 25, § 11, et L. 31, § 3, — 5, 3.) Bien entendu que si ce possesseur avait détérioré ou dissipé des biens de la succession dans le seul but de pourvoir à l'entretien ou à l'amélioration de ses biens personnels, il devrait, à titre de véritable profit tiré de l'hérédité, ce qu'il aurait pris sur son propre patrimoine pour subvenir à ces dépenses, tout en tenant compte de ce que la croyance erronée qu'il avait de son droit à l'hérédité a pu l'exciter à les augmenter (**L.** 25, §§ 15 et 16. — 5, 3) : *quatenus propriae pecuniae pepercit locupletior factus est.*

Il résulte encore du même principe qu'à la différence du possesseur de mauvaise foi, qui restitue intégralement les sommes qu'il a reçues des débiteurs héréditaires, le possesseur de bonne foi restituera seulement ce qu'il en aura conservé ; la pétition d'hérédité contre le possesseur de bonne foi ne comprendra aussi que le prix s'il est inférieur à la valeur de la chose vendue. Enfin, il ne peut être question, pour le possesseur de bonne foi, de fournir des fruits non perçus, si ce n'est depuis la *litis contestatio* ; et quant aux fruits perçus jusqu'à cette époque, il ne doit que ceux qu'il n'a pas consommés. La loi de Dioclétien (**L.** 22, **C.**—3, 32), qui applique la même règle à la revendication, ne fut, à coup sûr, qu'une extension du sénatus-consulte Juventien ; il n'y eut jamais, au contraire, dans la pétition d'hérédité d'acquisition définitive des fruits par la perception ; les fruits ne sont pas envisagés comme accessoires : *Augent hereditatem;* le possesseur n'eût pas pu les garder sans violer la règle suivant laquelle il est tenu *quatenus locupletior factus est.*

Les intérêts perçus par le possesseur de bonne foi, à l'occasion des sommes héréditaires, doivent être par lui restitués : c'est un profit qui provient de l'hérédité. Que si l'argent placé n'a pas produit d'intérêts, le possesseur de bonne foi sera quitte en cédant l'action qu'il a acquise, lors même que les emprunteurs seraient insolvables. (L. 30,—5, 3.) Le principe que le possesseur de bonne foi n'est tenu que dans la limite de son émolument est poussé si loin (L. 25, § 6 ; L. 23 ; L. 25, § 11, 5, 3) qu'il ne doit plus rien à l'héritier, s'il a donné un bien faisant partie de la succession : on ne prend pas en considération les avantages qui, soit par la reconnaissance du donataire, ou, mieux, par les dispositions de la loi, peuvent résulter de la donation. Le possesseur est obligé seulement s'il a reçu quelque chose du donataire comme récompense de la donation. Quant aux gains proprement dits, ce sont ou des choses héréditaires, ou les valeurs qui en tiennent lieu : ainsi les indemnités obtenues pour dommages causés aux biens de la succession (L. 55, — 5, 3), les clauses pénales, les créances acquises à l'occasion de l'hérédité, les prix de vente, lors même que les objets vendus auraient péri par cas fortuit avant la demande et qu'il serait probable que l'héritier n'eût pas vendu s'il eût été en possession. (L. 20, § 17, — 5, 3.) Si le possesseur de bonne foi avait racheté le bien aliéné à un prix avantageux, inférieur au prix de la première vente, il devrait rendre avec la chose héréditaire, rentrée dans son patrimoine, la différence entre le prix de vente et le prix d'achat. Fût-il prouvé que le possesseur a dissipé ses propres biens parce qu'il leur préférait ceux de la succession, il doit cependant compte de tout ce qu'il possède : son enrichissement s'apprécie quant aux biens héréditaires, et non pas sur la masse totale de l'hérédité et de son propre patrimoine. (L. 25, § 2, — 5, 3.) On voit donc que si le possesseur n'était tenu au temps de la sentence que *quatenus locupletior factus esset*, on lui demandait du moins, dans cette mesure, un compte assez sévère.

Section troisième

Des Prestations personnelles dues par l'héritier au possesseur.

L'équité serait blessée si le défendeur, condamné à restituer tout ce qu'il possède, ne pouvait pas, avant de se dessaisir, obliger le demandeur à l'indemniser des dépenses qu'il a faites, de celles dont il a été chargé en qualité d'héritier ou qui profitent à l'héritier véritable. Il rentre dans les pouvoirs du juge, sans qu'il soit besoin d'insérer une exception de dol dans la formule, d'opérer une compensation entre les dépenses faites par le possesseur et les sommes dont il est débiteur, à titre de restitution ou de prestations personnelles, envers l'héritier ; dans le cas où le montant des dépenses excéderait cette dette, le possesseur pourrait, afin d'arriver au recouvrement intégral, retenir les biens héréditaires *quodam pignoris jure*. Pour qu'il use de ce droit, il faut qu'il s'agisse d'impenses dont l'héritier lui doive le remboursement ; or, le droit au remboursement varie suivant la bonne ou la mauvaise foi du possesseur, suivant la nature ou, plutôt, le but des impenses ; on les classe, à ce point de vue, en nécessaires, utiles ou voluptuaires. Une dépense est dite nécessaire lorsqu'elle est faite pour prévenir la perte totale ou partielle (*Ulp.*, VI, reg. § 14-17); elle est utile si, sans intéresser la conservation, elle a procuré une plus-value; enfin, elle est voluptuaire si elle n'a produit qu'une amélioration d'agrément et non de plus-value.

Il suffit que le possesseur de bonne foi ait fait l'une de ces impenses pour qu'il puisse la déduire sur ce qu'il doit à l'héritier. C'est une conséquence nécessaire de la règle qu'il n'est tenu, au sujet de l'hérédité, que dans la limite de l'émolument qu'il en a retiré; il faut bien, si l'on veut connaître exactement le quantum de cet émolument, déduire des valeurs héréditaires toutes les dépenses qu'il a faites à l'occasion des biens de la succession, alors même que ces biens auraient péri. (L. 38 — 5, 3.) Toutefois, comme ce principe pourrait rendre la pétition d'hérédité par trop onéreuse à l'héritier, on ne tient compte des dépenses du possesseur de bonne foi, sans distinction aucune, qu'autant qu'elles ne dépassent pas la somme dont il est débiteur envers l'héritier; pour obliger celui-ci à payer des dépenses plus fortes, il faut qu'elles aient été utiles, ou qu'il y ait eu au moins quelque juste cause de les faire. (L. 39, § 1, — 5, 3.) Quant aux sommes payées aux créanciers, on pourrait douter qu'elles dussent être déduites des restitutions même du possesseur de bonne foi; ce possesseur, dirait-on, ayant payé *proprio nomine,* n'a pas pu libérer le véritable héritier. Il y a eu imprudence de sa part à payer sans s'assurer qu'il fût bien héritier; il doit en supporter la peine, et non pas le demandeur; puisqu'il n'y a pas eu libération, aucun germe d'obligation n'a pu prendre naissance. L'obligation existe néanmoins; le possesseur ayant payé par erreur à la *con-*

dictio indebiti. Qu'il la cède à l'héritier, aucun obstacle ne s'opposera plus à ce qu'il soit fait déduction du payement : l'héritier ayant, en effet, droit de réclamer du créancier héréditaire la même somme que celui-ci peut aussi exiger de lui, il est protégé par l'*exceptio doli mali.* Le possesseur de mauvaise foi n'a pas de *condictio indebiti*, puisqu'il a payé sciemment (L. 50 — 12 , 6); il sera fondé, cependant, à déduire ce qu'il aura payé, en donnant caution de venir défendre l'héritier, si le créancier désintéressé agit contre lui. (L. 31 — 5, 3.) Il apparaît bien de ce texte que lors même que l'*exceptio doli mali* ne pourrait pas être opposée (parce que le payement aurait été fait à un pupille non autorisé qui a dissipé, ou parce qu'il aurait été fait à un prétendu créancier de la succession), le possesseur de bonne foi a le droit de se faire tenir compte de ce payement inefficace ; la seule idée à laquelle Ulpien s'attache est celle-ci : le possesseur de bonne foi , si la déduction n'est pas admise, va-t-il se trouver en perte? Mais il faut convenir que, pour rester fidèle au texte du Juventien, il s'écarte bien de l'équité. Julien, L. 20, § 18, — 5, 3, contrairement à Ulpien, refusait la déduction du *quod non debitum solvit.* Il règle les rapports entre le *petitor* et le *possessor* de la même façon qu'entre le vendeur et l'acheteur d'une hérédité. (L. 2, § 7, — 18, 4.) Ce dernier texte, et la loi 20, § 18, sont empruntés au même ouvrage de Julien ; mais l'assimilation qu'il y établit entre le *venditor* et le *possessor hereditatis* n'est pas exacte. Ulpien décide d'une façon plus conforme au Juventien et à la loi 17 — 5, 3 : Le possesseur évincé par l'héritier ab intestat, qui a payé des legs , peut les déduire quand même il aurait négligé de se faire donner la caution *evicta hereditate legata reddi*.

Les dépenses nécessaires seront réclamées par le possesseur quel qu'il soit. Quant aux dépenses utiles, le possesseur de mauvaise foi, dans l'action en revendication, était traité fort rigoureusement (L. 37 — 6, 1); il n'avait pas l'exception de dol pour forcer le demandeur à l'indemniser ; on présumait qu'il avait voulu faire une libéralité. Aussi est-il peu probable que, dans le droit classique, il ait pu enlever les améliorations qu'il avait faites sur le sol d'autrui (*Inst.*, lib. II, § 30, tit. I; L. 5 — C. 3, 32.) Malgré ces textes, dont Pothier, Doneau, acceptent le principe, Cujas soutenait, non sans invraisemblance, que le possesseur de mauvaise foi pouvait, dans la revendication, se faire rembourser ses impenses utiles ; que les textes où il est question d'enlever les améliorations doivent être restreints au cas où l'héritier justifie qu'il lui est impossible de les payer ; Cujas fonde principalement son opinion sur la loi 2 Code — 3, 32, et sur la loi 38 — 5, 3 ; aussi ai-je cru devoir faire mention de cette célèbre controverse pour l'époque antérieure à la constitution de Gordien, L. 7 C. — 3, 32. Quoi qu'il en soit, la loi 38 — 5, 3, ne laisse aucun doute sur le droit du possesseur de mauvaise foi d'imputer ses dépenses utiles, *non enim debet petitor ex aliena jactura lucrum facere*. La condition de tous possesseurs ne sera pas, cependant, la même quant aux dépenses utiles; le possesseur de bonne foi les déduira, quoique la chose qui en ait été l'objet n'existe plus, tandis que le possesseur de mauvaise foi ne les déduira que si cette chose a été améliorée (L. 37 — 5, 3); ainsi, il ne pourrait se faire tenir compte des frais de culture lorsque la récolte a péri. Pour rendre indemne le possesseur, l'héritier n'aura à restituer que le *quod minimum :* la plus-value, si elle est inférieure à la dépense, ou la dépense si elle est inférieure à la plus-value. Quand l'héritier est hors d'état de payer les dépenses utiles, le possesseur, quel qu'il soit, a droit d'emporter ce qui peut être détaché de la chose améliorée sans la dégrader. Dans ce cas même, l'héritier qui aurait une cause légitime pour garder la chose telle qu'elle se trouve, pourrait s'opposer à l'enlèvement des améliorations en payant seulement la valeur de celles qui seraient détachées par le possesseur. (L. 38 — 6, 1.)

Le demandeur doit enfin indemniser le possesseur des obligations qu'il a contractées pour l'hérédité, et de la valeur des droits que l'acquisition de l'hérédité lui a fait perdre. Ainsi, le possesseur de bonne foi, *ex testamento*, a fait élever un monument funéraire au défunt: l'héritier ab intestat, qui l'évince, devra payer les frais de construction de ce monument s'ils n'ont pas dépassé la somme indiquée par le testateur ; l'héritier ne saurait se refuser à admettre cette déduction, puisque la construction du monument a pu être imposée au possesseur par les pontifes. (L. 50, § 1, — 5, 3.) Si le possesseur a vendu une chose héréditaire, le demandeur, pour obtenir le prix de vente, devra donner caution au possesseur de venir le défendre dans le cas où l'acheteur agirait contre lui en garantie ou pour toute autre cause. (L. 20, § 20 — 5, 3.) Si une maison de la succession menaçait ruine et que le préteur ait forcé le possesseur

à donner la *cautio damni infecti*, il en sera de même.
(L. 40, § 3, — 5, 3.) Enfin, l'héritier devra encore donner caution au défendeur lorsque celui-ci est en même
temps actionné par un autre prétendant droit à l'hérédité. Cette caution obligera l'héritier triomphant à intervenir dans le procès que soutenait le défendeur ; et,
à supposer que le demandeur, dans cet autre procès,
doive obtenir gain de cause, l'intervention du demandeur du premier procès en évitera un troisième. En
résumé, le défendeur peut demander à être déchargé de
ses obligations lorsqu'elles ont eu pour cause l'hérédité, mais non pas lorsqu'elles ont été prises sur la
croyance erronée du droit à l'hérédité, c'est pourquoi le possesseur, qui aurait emprunté une somme
dans l'espoir de se libérer avec l'hérédité, n'aurait qu'à
s'en prendre à lui-même d'avoir compté sur une ressource qu'il n'avait en réalité pas.

Il s'est, par suite de la prise de possession *animo
domini* de la succession, opéré confusion entre les
dettes et les créances du possesseur. Comme cette confusion n'était qu'apparente, le possesseur de bonne foi
obtiendra restitution des sommes qui lui étaient dues
par le défunt, moins ce qu'il a dû payer comme débiteur de la succession. Si la dette de la succession envers le possesseur de bonne foi était simplement naturelle (L. 31, § 2, — 5, 3), elle sera cependant comprise
dans le compte, et ainsi, opposée en compensation, eût-
elle pris naissance d'un simple pacte; le *praedo*, au contraire, ne retiendra pas *id quod natura debebatur*. Le § 1
de la loi 31 autorise même à soutenir que le *praedo* ne
peut pas opérer la déduction de ses dettes civiles. Ce

§ 1 de la loi 31 laisse au choix de l'héritier de faire ou de refuser la déduction du montant de la dette du possesseur de mauvaise foi ; il y aura parfois, en effet, intérêt à considérer cette dette comme éteinte, et à accorder, par suite, la déduction ; elle était, par exemple, accompagnée d'une clause pénale qui serait encourue pour défaut de payement.

Voilà les prestations personnelles que comprend le *jussus* du juge, soit à la charge du demandeur, soit à la charge du possesseur. Sous Justinien, il ne reste rien à prévoir ; le magistrat a le droit de condamner à une restitution en nature des choses réclamées devant lui ; mais, à l'époque classique, alors même qu'on ne saurait admettre que la résistance obstinée du défendeur arrêtât l'exécution du *jussus,* un obstacle de droit peut faire défaillir la condition *nisi restituat ;* on doit alors se demander comment le juge évaluera la *condemnatio* proprement dite. Le plus souvent la détermination sera faite par le juge ; mais si l'inexécution provient du dol du défendeur, à titre de peine, il permettra au demandeur de faire lui-même l'estimation sous serment ; ce peut être très-dangereux pour le défendeur, car le demandeur, fût-il de bonne foi, sera porté à exagérer la valeur de la succession ; aussi le juge fixait-il un maximum. Il lui était permis, de plus, après avoir déféré le serment, sans imposer un maximum, de réduire l'estimation donnée par le demandeur (L. 5 pr., et § 1, — 12, 3) ; toutefois, à cause de la loi 4, § 2 et 3 — 12, 3, on peut douter qu'il eût ce dernier pouvoir dans la pétition d'hérédité qui n'est pas, à proprement parler, une action de bonne foi.

PARTIE QUATRIÈME.

DE LA PÉTITION D'HÉRÉDITÉ UTILE.

Comme dans toutes les autres parties du droit, la jurisprudence prétorienne s'est manifestée en matière successorale, soit par l'extension donnée aux règles du droit civil, soit par la création de règles nouvelles. L'extension du droit civil a été réalisée par le préteur à l'aide de divers moyens, ou par les *bonorum possessiones*, ou par la *petitio hereditatis* elle-même, donnée *utilitatis causa*. Lorsque les conditions d'existence de l'action sont modifiées en la personne du demandeur, le préteur donne une *bonorum possessio* et une action qu'il a créée, la *petitio possessoria* ; lorsqu'elles sont modifiées en la personne du défendeur, il donne la *petitio hereditatis* du droit civil, soit en supposant qu'on se trouve dans une hypothèse où on n'est réellement pas, et l'action est alors appelée fictice, soit en subordonnant la condamnation à la vérification des faits exposés dans la formule, et l'action est dite *in factum ;* mais on confond ordinairement, sous la qualification commune d'action utile, l'action fictice et l'action *in factum.*

Ces distinctions, puisqu'elles ont trait à la rédaction de la formule, auraient dû disparaître dans le dernier état du droit ; cependant on les rencontre après la chute du système formulaire : ainsi on voit, dans les textes, que la pétition d'hérédité utile compète :

1° contre celui qui, après avoir été dans les conditions requises pour que la pétition d'hérédité pût être d'après le droit civil dirigée contre lui, a par son dol cessé d'y être ; 2° contre certaines personnes qui ont une autre qualité que celle d'héritier.

Il y a deux exemples à donner de la première classe de défendeurs à la pétition d'hérédité utile. Le sénatus-consulte Juventien fournit le premier ; on sait que ce sénatus-consulte, notamment pour les fruits, rend responsable le défendeur du *dolus prœteritus* : aussi n'y a-t-il rien d'étonnant à ce qu'il reste tenu de la pétition d'hérédité si c'est par son dol qu'il se place dans une situation telle qu'en droit rigoureux, il ne serait plus possible de l'inquiéter. Celui qui cesse de posséder par dol est donc passible de l'action comme s'il avait continué de posséder. (L. 20, § 6, — 5, 3 ; L. 27, § 3, — 6, 1.) Il faut bien noter que la pétition d'hérédité perd en ce cas le caractère d'action *in rem* et devient une sorte d'action pénale. C'est pourquoi le demandeur qui a obtenu du défendeur coupable de dol, sur son serment, l'estimation de l'hérédité peut encore, avec succès, intenter la pétition d'hérédité contre le possesseur actuel, et obtenir de lui la restitution en nature des choses héréditaires. La première action était donc pénale, ou, si l'on veut, une action en réparation du préjudice que le dol avait pu causer au demandeur. Si celui-ci tout d'abord poursuivait le possesseur actuel et obtenait condamnation contre lui, il ne pourrait plus s'adresser à l'ex-possesseur ; le dol ne lui a causé aucun préjudice, puisqu'il a fait triompher son droit d'hérédité comme s'il n'avait pas été commis. (L. 13, § 14,

— 5, 3 ; L. 95, § 9, — 46, 3.) Cette action n'est donc une pétition d'hérédité qu'en ce sens que le demandeur doit prouver son droit d'hérédité : aussi est-il peu probable que les héritiers de celui qui avait cessé de posséder par dol fussent soumis à une telle action. (L. 80 — 6, 1.) Tout au plus pouvait-on les obliger à indiquer au demandeur le véritable possesseur contre lequel l'héritier conserve toujours l'action directe. Le défendeur, qui a cessé de posséder par dol doit au demandeur la valeur de l'hérédité, fixée sur son serment, et non pas le prix qu'il a pu en retirer par une vente, à moins que ce prix soit supérieur à la valeur réelle. Si l'on prenait à la lettre le texte du sénatus-consulte : *Eos, qui bona invasissent, si fecissent quominus possiderent, perinde condemnandos quasi possiderent ;* il y aurait telle hypothèse où le *praedo* serait mieux traité que le possesseur de bonne foi : soit une vente faite par le possesseur, le bien vendu périt ensuite par cas fortuit ; on oblige le possesseur de bonne foi, à restituer le prix : on en tiendrait quitte le possesseur de mauvaise foi puisque, d'après le texte, il doit être condamné comme s'il possédait encore et qu'il n'est pas responsable des cas fortuits ; mais l'esprit du sénatus-consulte proteste contre cette interprétation, et Paul la repousse formellement. (L. 36, § 3, — 5, 3.) Il importe de remarquer qu'avant le Juventien, celui qui, par dol, cessait de posséder, n'échappait pas toujours à une condamnation. Avait-il détruit la chose, l'*actio ad exhibendum* le forçait à en payer l'estimation sur serment du demandeur ; l'avait-il aliénée, une action prétorienne *in factum* était donnée au demandeur, à condition qu'il prouvât que l'aliénation avait eu lieu *judicii mutandi causa*. L'innovation du sénatus-consulte sur le *dolus præteritus* est donc utile dans le cas où, sans détruire la chose, ni sans l'aliéner pour détourner la demande de son adversaire, le possesseur abandonnait la possession par simple dol. (L. 4, § 1, — 4, 7.)

Dans une deuxième hypothèse, la pétition d'hérédité utile est donnée contre celui qui ne possède pas réellement. Un non-possesseur attire sur lui l'action de l'héritier en lui faisant croire qu'il possède, dans le but de laisser le temps d'usucaper au vrai possesseur. La loi 13, § 13, — 5, 3, décide que l'héritier, comme dans l'hypothèse précédente, peut commencer par exercer l'action utile contre celui *qui se liti obtulit*, sans préjudice de son action directe ultérieure contre le possesseur de l'hérédité.

Je passe aux défendeurs à la pétition d'hérédité utile qui ont une autre qualité que celle d'héritiers. En premier lieu, est soumis à cette action l'acheteur de l'hérédité ; cette application, de la pétition d'hérédité utile conduit à l'examen de l'effet des actes du possesseur de l'hérédité à l'égard des tiers : importante et difficile matière qui mérite d'autant plus l'attention que les textes du droit romain ont été entendus différemment, par les jurisconsultes français, dans la controverse sur la validité des ventes consenties par l'héritier apparent. La première question qui se présente à l'esprit est de savoir quel peut être, pour le demandeur, l'intérêt de cette action utile ? Il semble, de prime abord, qu'il est nul, car l'héritier conserve l'action directe contre le vendeur de l'hérédité ; et à moins de supposer une vente dolosive, l'héritier ne pourra cumuler le bénéfice des deux actions directe et utile. La nécessité de l'action utile apparaît, cependant, si on suppose, avec la loi 13, § 4, que le vendeur est mort sans héritier, qu'il est absent ou insolvable. Elle apparaît encore si le vendeur, possesseur de bonne foi, a vendu à un prix insuffisant : peu importe, à cet égard, que l'hérédité entière ait été vendue, ou des objets particuliers : le même danger existe pour l'héritier dans les deux cas. Peu importe donc l'objet de la vente ; faut-il prendre en considération la bonne ou la mauvaise foi de l'acheteur ? Si l'acheteur de droits successifs est de mauvaise foi, c'est-à-dire s'il savait que le possesseur n'était pas le véritable héritier, aucun doute qu'il soit tenu de la pétition d'hérédité ; mais pourquoi n'est-il pas tenu de l'action directe ? Ulpien donne pour raison qu'on ne peut assimiler l'acheteur de mauvaise foi au *possessor pro possessore : nemo enim praedo qui pretium numeravit.* Si l'on prenait ces expressions à la lettre, il en résulterait ce que beaucoup d'interprètes regardent comme vrai, que s'il s'agit d'un acheteur d'un objet particulier, la seule action à diriger contre lui est la revendication. D'après eux, la pétition utile serait donnée contre l'acheteur de droits successifs dans le seul but d'éviter un grand nombre de procès séparés. Ce n'est pas ainsi que doit être entendu ce texte d'Ulpien : le jurisconsulte, partant de l'idée que la pétition d'hérédité ne compète que contre ceux qui possèdent *pro herede* ou *pro possessore,* parce qu'eux seuls peuvent parvenir à l'usucapion lucrative, décide qu'il n'y a lieu contre l'acheteur, qui ne peut être assimilé à ces deux possesseurs, qu'à l'action utile ; et, en effet, l'usucapion qu'il accomplirait ne serait pas lucrative, car il a acheté l'hérédité. Il faut décider que l'acheteur de mauvaise foi, d'un objet particulier, est soumis lui-même à l'action utile. Du moment que cette action est donnée contre le *possessor pro possessore*, il n'y a pas à se demander s'il possède l'hérédité ou un objet particulier.

Les controverses les plus sérieuses s'élèvent lorsque l'acheteur est de bonne foi : quels sont alors les effets de la vente faite par le possesseur ? Faut-il distinguer si le vendeur était possesseur de bonne ou de mauvaise foi ? Faut-il distinguer entre l'acheteur de l'hérédité et l'acheteur d'objets particuliers ? Voilà deux questions très-embarrassantes par elles-mêmes et dont la difficulté est encore augmentée par l'opposition au moins apparente des textes.

La loi 13, § 4, donne, contre l'acheteur de l'hérédité entière, l'action utile en pétition d'hérédité. Pourquoi n'est-ce pas plutôt la revendication? Il semble que le titre d'acheteur de bonne foi devrait faire préférer cette action spéciale. N'est-il pas juste que, pour évincer un acheteur, on prouve contre lui qu'on est propriétaire? Le possesseur peut, ce semble, dire : « Soit, vous êtes « héritier, mais votre auteur n'était pas propriétaire, « *et in pari causa melior est causa possidentis.* » Il faut prendre garde que l'acheteur de l'*universitas* est au droit du possesseur tel qu'il se comportait. Si donc le demandeur établit que l'hérédité lui appartient, n'a-t-il pas détruit la prétention contraire de son adversaire au même degré que celui qui prouve sa propriété contre un acheteur d'objets déterminés? Cependant les jurisconsultes, pour justifier cet emploi de la pétition d'hé-

rédité utile, mettent en avant l'intérêt de l'acheteur :
Ne singulis vexaretur judiciis, et ce qui prouve que,
sans cette considération d'utilité pratique, la revendication eût été seule accordée, c'est que la pétition
d'hérédité utile revêt alors certains effets de l'action
spéciale, ceux qu'il est de l'intérêt de l'acheteur d'invoquer : ainsi, pour la restitution des fruits, on devra
suivre les règles de la *rei vindicatio,* c'est-à-dire laisser
à l'acheteur de bonne foi, au temps classique, les *fructus extantes* (L. 62, § 1, — 6, 1 ; M. Pellat, p. 363, —
Voët); ceci résulte surtout de la loi 2, Code, — 3, 31 :
*Fructibus enim augetur hereditas cum ab eo possidetur
a quo peti potest. Emptor autem qui proprio titulo possessionis munitus est etiam singularum rerum jure con-
venitur.* Il est donc constant que l'héritier peut poursuivre utilement l'acheteur de bonne foi de l'hérédité,
peu importe que ce soit par la *rei vindicatio* ou par l'action utile. Doit-on restreindre cette solution au cas où
le vendeur de l'hérédité était de mauvaise foi? Faut-il
dire que l'action utile et la revendication ne procèdent
plus contre l'acheteur de l'hérédité ou d'un objet déterminé lorsqu'à la bonne foi de cet acheteur se joint
la bonne foi du vendeur? La loi 13, § 4, — 5, 3, suppose un vendeur de l'hérédité, de bonne foi : l'héritier
aura action contre l'acheteur parce qu'il n'obtiendrait
rien ou presque rien du vendeur ; la pensée d'Ulpien
est que cette action doit être donnée pour le tout, son
but étant de remédier à l'insolvabilité du vendeur ou à
la vilité du prix de vente. Il paraît donc, de prime-abord,
que l'action est délivrée sans aucune restriction contre
l'acheteur. Mais qu'en va-t-il résulter? C'est que l'ache-

teur de bonne foi va se retourner contre son vendeur
qui lui doit, lors même qu'il a vendu, son droit d'hérédité, garantie de sa qualité d'héritier ; or, le recours
de l'acheteur se heurtera au principe du Juventien et
obligera le possesseur de bonne foi au delà de ce qu'il
a amendé de l'hérédité. Ce résultat doit d'autant moins
facilement être admis que, si l'héritier confirmait la
vente, il ne pourrait demander au possesseur que le
prix qu'il a reçu. La loi 25, § 17, paraît bien prendre
en considération ces sérieuses objections, et l'on serait
tenté d'y voir la trace d'une doctrine contraire à celle
de la loi 13, § 4, si les deux textes n'émanaient pas du
même jurisconsulte. Dans la loi 25, § 17, Ulpien s'occupe du cas où *rem distraxit bonœ fidei possessor
nec pretio factus sit locupletior ;* la première question
est celle-ci : le demandeur ne se verra-t-il pas opposer, par l'acheteur de bonne foi qui n'a pas encore
usucapé, une exception dite *quod praejudicium hereditati non fiat inter actorem et eum qui venumdedit,* et
le jurisconsulte décide que cette exception ne pourra
être opposée à l'héritier, par la raison que le prix de la
vente ayant été dissipé par le vendeur, si l'exception
était opposée, l'héritier serait sans aucun moyen d'action : il ne peut, en effet, poursuivre le vendeur de
bonne foi qui ne possède plus rien ; mais que décider
si l'acheteur a un recours en garantie contre le vendeur
de bonne foi? A cette question, la réponse d'Ulpien est
fort précise, et, cependant, elle a donné lieu à des
interprétations bien diverses : *Et puto posse res vindicari nisi emptores regressum ad bonœ fidei possessorem
habeant.* Dans un premier système (Dur., t. I ; Toull.,

t. VII, app.; M. Pellat), au cas où le recours en garantie existe, Ulpien admettrait l'exception *quod praejudicium hereditati non fiat;* il ne dénierait pas à l'héritier
la revendication : on doit convenir que le raisonnement
fait en ce sens est très-spécieux. Le vendeur, dit-on, a
intérêt à ce que la question d'hérédité ne soit pas préjugée entre son acheteur et l'héritier ; il faut qu'il puisse
faire valoir lui-même ses prétentions à la qualité d'héritier pour qu'il ne perde pas, par une voie indirecte,
le bénéfice qu'il tient du Juventien de n'être obligé
que *quatenus locupletior factus est.* Est-ce à dire que
l'acheteur ne pourra plus être inquiété ? Non ; l'exception *quod praejudicium...* ne touche pas au fond ; elle a
pour unique but de faire surseoir à la demande jusqu'au
jugement de la qualité d'héritier, prétendue par le demandeur. Cette question préalable une fois vidée,
l'acheteur sera évincé par l'héritier, aucune autre fin
de non recevoir que l'usucapion ne pouvant plus être
opposée, et de l'éviction naîtra le recours en garantie
contre le vendeur. Si on objecte à cette opinion qu'elle
ne tient aucun compte du sénatus-consulte Juventien,
que le possesseur de bonne foi va se trouver obligé au
delà de la mesure fixée d'une façon absolue, on répond
que les indemnités dues par le possesseur à son acheteur, qui exerce son recours en garantie, sont payées
par lui, non pas comme possesseur de l'hérédité, mais
à titre de vendeur. Cette réponse serait satisfaisante si
le défendeur à la pétition d'hérédité ne devait à l'héritier que la valeur réelle de la chose qu'il a vendue, si
l'opération qu'il a faite était regardée dans ses conséquences favorables ou fâcheuses comme étrangère à

l'hérédité. Il n'en est pas ainsi, et je rappelle que le possesseur, même de bonne foi, doit tous les profits qu'il tient de l'hérédité ; par suite, l'excédant du prix sur la valeur réelle si l'héritier ratifie la vente. Ne serait-il pas alors injuste de faire subir au possesseur les indemnités résultant du recours en garantie? On reconnaît, d'ailleurs, dans cette première interprétation que, si le vendeur de bonne foi avait dissipé le prix, la pétition d'hérédité ne pourrait plus être dirigée utilement contre lui. Comment une action dirigée contre un autre pourrait-elle produire des effets différents? Et une observation décisive est que, si la pétition d'hérédité n'est plus possible, on ne peut pas concevoir de *praejudicium hereditati non fiat*, puisque le *praejudicium* a pour but de ne pas préjuger la question d'hérédité. On a voulu, à l'aide du *praejudicium*, concilier les deux textes d'Ulpien ; sa doctrine serait alors celle-ci : bien que le vendeur et l'acheteur soient tous deux de bonne foi, la vente est nulle et l'action de l'héritier entière, le vendeur n'eût-il conservé qu'une partie du prix. Au cas où, de cette vente, devrait résulter un recours en garantie contre le vendeur qui oblige le possesseur au delà du profit qu'il retire de l'hérédité, l'action n'est pas immédiatement recevable : le *praejudicium* l'arrêtera jusqu'au jugement de la question d'hérédité. Le même désir de conciliation a fait penser à un illustre jurisconsulte (Merlin, *Questions de Droit*, v° *Hér.*, § 3) qu'il n'y aurait lieu à l'exception *quod praejudicium* que si la vente a porté sur certains objets de la succession, et qu'elle devrait être refusée si l'hérédité entière avait été vendue. Ce système va moins loin que le précédent contre le vendeur de bonne foi, mais il ne saurait non plus se soutenir. Est-il fondé en raison? Voici l'aveu que fait Merlin : « Il paraît difficile d'expliquer pourquoi la règle qui veut que le possesseur de bonne foi de l'hérédité ne puisse pas être tenu, envers le véritable héritier qui l'évince, au delà de son émolument, ne le met pas à l'abri du recours en garantie de l'acquéreur à qui il a vendu l'hérédité elle-même, comme elle le met à l'abri du recours en garantie de l'acquéreur à qui il n'a vendu que des biens singuliers. » En second lieu, la pétition d'hérédité utile, dirigée contre l'acheteur de toute l'hérédité, est au fond une revendication. Comme je l'ai dit, elle emprunte à la revendication certaines règles : la situation juridique de deux acheteurs, l'un de l'hérédité, l'autre d'un objet particulier, est donc identique. S'il est certain, d'ailleurs, que la loi 13, § 4, n'a en vue que l'acheteur de toute l'hérédité, il n'est pas prouvé que la loi 25, § 17, s'occupe exclusivement de l'acheteur d'objets particuliers. Merlin lui-même en fait la remarque; on ne peut donc s'arrêter à la distinction qu'il veut établir. Doneau, Pothier et M. Troplong (*Priv.*, t. II, p. 199) entendent tout autrement qu'on ne le fait dans les systèmes que je viens d'esquisser, la loi 25, § 17. Ils n'admettent pas qu'en présence du Juventien on ait pu obliger le vendeur de bonne foi à payer indirectement au revendiquant, par suite de l'éviction, une somme supérieure à celle dont il s'est enrichi : aussi ne veulent-ils pas voir dans la loi 25, § 17, une simple exception préjudicielle et temporaire. Ils font remarquer qu'il ne peut s'agir d'une question de procédure;

car, dans la partie du texte où Ulpien pose la règle, il répond : *Puto posse res vindicari* : c'est donc que, dans le cas de l'exception *nisi regressum...,* la revendication est repoussée. Le *praejudicium* de la loi 25, § 17, est une exception *ex persona venditoris* que l'acheteur oppose au revendiquant : il n'y a plus lieu à pétition d'hérédité contre le vendeur, puisqu'il a dissipé le prix de la vente ; l'action de l'héritier contre l'acheteur ne doit pas la faire revivre sous la forme d'une action en garantie à la suite de l'éviction. Cette théorie semble au premier coup d'œil concilier les deux textes d'Ulpien ; la loi 25, § 17, parle seule de l'exception, parce que dans l'espèce le vendeur a consommé le prix de vente qu'il avait reçu : l'acheteur ne peut être inquiété par l'héritier ; la loi 13, § 4, supposerait que le vendeur n'a pas dissipé le prix ; mais, au contraire, on ne fait que rendre l'opposition des textes plus complète. Comment expliquer la loi 13, § 4 ? L'action directe serait insuffisante parce que le possesseur a vendu à bas prix (*modico vendidit*) ; le jurisconsulte présente à l'héritier, comme compensation, une action utile contre l'acheteur, et cette action, puisque l'exception serait opposée *ex persona venditoris*, ne produirait que ce qu'aurait produit l'action directe ! La conciliation n'est donc pas obtenue. Favre (*Rationalia Lib.* 2, *ad Leg.* 25, § 17, — 5, 3) attribue à une interpolation de Tribonien l'antinomie de nos deux textes ; il prétend qu'Ulpien, dans la loi 25, § 17, a dû écrire *etsi regressum* au lieu de *nisi.* Il est sans doute peu probable que le même jurisconsulte se soit contredit dans le même livre du même traité *ad edictum ;* toutefois, l'interpolation n'étant pas ainsi suffisamment justifiée, il vaudrait mieux reconnaître franchement que ces deux textes sont *desperatæ conciliationis*. Mais est-il vraiment impossible de concilier rationnellement les lois 13, § 4, et 25, § 17? Le *praejudicium* de la loi 25, § 17, doit être une exception *ex persona venditoris*: c'est la seule interprétation conforme au Juventien, la seule même qui puisse expliquer toutes les parties du texte. Lorsque Ulpien passe à l'hypothèse où le vendeur intervient spontanément dans l'instance dirigée contre l'acheteur, que décide-t-il? l'action dès lors procède-t-elle? Oui, si le *praejudicium* n'était que le *praejudicium hereditati non fiat*. Ulpien dit, au contraire : *Incipit exceptio locum habere ex persona emptorum...* Le vendeur acceptant le débat sur l'hérédité, alors qu'il pourrait refuser d'y défendre puisqu'il a dissipé le prix, expose son acheteur à l'éviction et à un recours en garantie que l'insolvabilité du vendeur peut rendre illusoire : l'acheteur, au nom du vendeur, et malgré l'intervention de celui-ci au procès, opposera l'exception qui résulte du Juventien au profit du vendeur de bonne foi. Quant à la loi 13, § 4, il faut bien remarquer qu'elle suppose une vente de l'hérédité entière faite à vil prix, la mort sans héritier du vendeur ou son insolvabilité. Dans ces deux dernières circonstances, le recours en garantie de l'acheteur ne pouvant s'exercer efficacement, l'objection tirée du recours en garantie disparaît complétement : la pétition d'hérédité utile procède donc contre l'acheteur de l'hérédité. Reste à dire pourquoi elle procède également dans le cas d'une vente à vil prix. Si l'on fait attention que, dans la pratique romaine, la vente de l'hérédité, faite en principe avec la garantie de la qualité d'héritier du vendeur, avait lieu souvent ainsi, *si qua sit hereditas* (L. 10 et 11, — 18, 4. — M. Labbé, *Rev. pratique*, 1865), ne peut-on pas, sans trop de hardiesse, penser que, dans la loi 13, § 4, Ulpien faisait allusion à la vente des droits que le possesseur pensait avoir sur l'hérédité et sans garantie de son droit; ne serait-ce même pas à cause de cela que la vente a eu lieu à vil prix? Voici, dans ce système, quelle serait la doctrine romaine : toutes les fois que la vente de l'hérédité, ou d'un objet parti-culier, n'expose pas le vendeur à un recours de ga-rantie, que l'obligation en garantie ait été exclue par la convention ou rendue inefficace par des événements postérieurs, l'héritier avec succès intentera, suivant l'hypothèse, la pétition d'hérédité utile ou la revendi-cation. Son action n'est repoussée dans tous les autres cas qu'en raison des règles du sénatus-consulte Juven-tien sur la possession de bonne foi.

Les deux autres exemples de pétition d'hérédité utile n'offrent pas grand intérêt : celui qui est contenu dans la loi 13, § 9, n'a plus d'application possible dans le droit de Justinien; il s'agit de l'action qu'avant la constitution de Zénon (Inst., 2, 6, § 14), le véritable héritier pouvait exercer contre l'acheteur du fisc. Enfin, la loi 13, § 10, est relative au mari qui a reçu en dot une hérédité : l'action directe n'est pas donnée contre lui parce qu'il possède à titre singulier, *pro dote;* mais l'action utile évite qu'il soit soumis à autant de reven-dications spéciales qu'il y a d'objets dans l'hérédité reçue de sa femme : celle-ci reste soumise à la pétition d'hérédité directe qui sera efficace quand elle pourra elle-même exercer son action en répétition de dot.

A part la différence quant aux fruits *extantes* (dans le cas où l'action est dirigée contre l'acheteur), les règles de la pétition d'hérédité utile sont, en tout point, celles de la pétition d'hérédité directe.

PARTIE CINQUIÈME

PETITIO HEREDITATIS POSSESSORIA (Dig. V, 5) ET INTERDIT
QUORUM BONORUM.

La pétition d'hérédité utile a montré comment le préteur, quand l'équité ou l'analogie l'exigent, étend l'action du droit civil à des hypothèses auxquelles elle ne s'appliquerait pas dans la rigueur des principes. La *petitio hereditatis possessoria* et l'interdit *quorum bonorum* se rattachent à un ensemble d'innovations beaucoup plus hardies : le préteur fait œuvre de législateur et non plus d'interprète du droit civil. Il établit un nouveau système successoral : le préteur ne fait pas de nouveaux héritiers, mais des *bonorum possessores* qui sont *loco heredum* : il n'abandonne pas ses élus ou ceux qui lui demandent la confirmation de leur titre ; pour eux, en effet, il imagine une sanction nouvelle du droit d'hérédité, qui fait défaut à l'héritier en pur droit civil, l'interdit *quorum bonorum*. (Gaius, 3, 34.) Ce n'est pas tout, le préteur, sans avoir recours à une fiction pour étendre la pétition d'hérédité au *bonorum possessor*, crée pour lui une *petitio* parallèle à celle du droit civil : et comme son édit a pénétré déjà toute la théorie de la pétition d'hérédité civile, il ne donne pas d'autres règles à la *petitio possessoria*. Si donc la pétition d'hérédité utile diffère de la pétition directe, à raison de la personne du défendeur ou de sa condition quant à la possession, la *petitio possessoria*, elle, n'en diffère que par rapport au demandeur qui est *bonorum possessor*, au lieu d'être *heres*. La coexistence de la *petitio possessoria* et de la *petitio civilis* ne fait pas naître de difficultés si le préteur, par sa *bonorum possessio*, comble une lacune du droit civil ; s'il le confirme, aucun intérêt à savoir si celui qui est *heres* et *bonorum possessor* à la fois intente la *possessoria* ou la *civilis hereditatis petitio*. Lors, au contraire, que le préteur appelle comme *bonorum possessor* un autre que l'*heres*, on peut se demander qui triomphera de l'*heres* ou du *bonorum possessor*. Quant à l'interdit *quorum bonorum*, c'est un ordre du préteur d'envoi en possession au profit du *bonorum possessor :* à la différence de la *petitio civilis* ou *possessoria*, il ne comprend que les choses susceptibles de possession ; aussi ne compète-t-il pas contre les *juris possessores*, ni contre les possesseurs de choses corporelles, dont le *bonorum possessor* a eu puis perdu la possession : il est *adipiscendæ possessionis causa*. C'était un ordre que, sur la demande du *bonorum possessor*, le préteur intimait aux possesseurs *pro herede* ou *pro possessore :* si cet ordre n'était pas exécuté, il en résultait un procès que le préteur renvoyait devant un juge. D'après la formule de l'interdit (L. 1, — 43, 2), le préteur délivrait le *quorum bonorum* contre celui qui avait cessé de posséder par dol : la règle *dolus pro possessione est* était reçue comme dans la pétition d'hérédité. Enfin,

il le délivrait contre celui qui posséderait *si nihil usucaptum esset.* J'ai déjà dit qu'il fallait entendre par là
celui qui a usucapé *pro herede*, et que ce *dominus* défendeur à l'interdit était aussi un défendeur possible à
la pétition d'hérédité.

Le cumul des deux voies prétoriennes, de la *petitio
possessoria* et de l'interdit *quorum bonorum,* donne lieu
à une grave difficulté. Quelle sera l'utilité de l'interdit
pour le *bonorum possessor,* qui, par la *petitio possessoria,* peut poursuivre les *juris possessores* et atteindre
les choses dont il a perdu la possession? Quelle peut
être son utilité pour l'*heres?* M. de Savigny pense que
la *petitio possessoria* ne serait que l'interdit *quorum bonorum* arrivé à son plein développement; mais la *petitio
possessoria* figure à l'époque classique à côté de l'interdit; et, d'autre part, dans les textes du Bas-Empire,
l'interdit apparaît comme une institution encore en
vigueur. Enfin, puisqu'il est constant que la *petitio
possessoria* suit les mêmes règles que la *petitio civilis,*
on ne saurait trouver dans cette opinion l'intérêt qu'aurait l'*heres* civil à demander le *quorum bonorum,* si la
petitio possessoria est l'interdit perfectionné. D'autres
auteurs ont prétendu que le *quorum bonorum* offrait
sur la *petitio hereditatis* cet avantage que le demandeur
n'aurait pas à faire la preuve de la propriété du *de
cujus,* mais seulement celle de la possession. Si on
avait raisonné rigoureusement contre l'héritier, on eût
dû, en effet, l'obliger à prouver sur la pétition d'hérédité la propriété du *de cujus* lorsque sa qualité d'héritier n'est pas contestée : j'ai déjà dit que, par compensation des chances que lui faisait courir l'*usucapio pro*

herede et de ce qu'il ne pouvait user des interdits possessoires avant d'avoir appréhendé la succession, on donnait gain de cause à l'héritier sans qu'il fût obligé de prouver que son auteur n'était pas lui-même un *praedo*. (L. 19 pr. et § 2 ; — L. 13, § 11, — 5, 3.) Enfin, les glossateurs Cujas et Doneau ne voient dans l'interdit *quorum bonorum* qu'une voie provisoire pour entrer en possession : le fond du droit, le débat définitif, est l'objet de la *petitio possessoria*. Cela posé, il reste à montrer quel pouvait être, pour l'*heres* du droit civil, l'intérêt de l'interdit *quorum bonorum*. Soit une *bonorum possessio confirmandi juris civilis gratia* : en quoi la condition de l'*heres*, qui s'en tient à la *petitio civilis* est-elle inférieure à celle qu'il aurait s'il réclamait la *bonorum possessio* et l'interdit *quorum bonorum?* L'héritier qui aura négligé le secours prétorien jouera dans la pétition d'hérédité le rôle de demandeur. Qu'importe si la preuve à fournir sur la pétition d'hérédité et sur l'interdit est la même? On peut répondre que, sans doute, rien ne prouve que le juge de l'interdit dût *summatim cognoscere*, que le contraire résulte des textes (L. 1 Code, — 8, 2); mais qu'à d'autres points de vue que la preuve, il est certains traits particuliers à la procédure du *quorum bonorum* qui sont à l'avantage du demandeur fort de son droit : sa demande au possessoire sera jugée rapidement par des *recuperatores* à toute époque de l'année (en dehors de l'*actus rerum*); il a le choix de la former *per formulam arbitrariam*, ou de tenter le gain d'une véritable *sponsio penalis;* enfin, la sentence rendue au possessoire ne pourra être frappée d'appel. (L. 22, Cod. Théod., — 11, 36.) Si l'*heres* est en possession, le *quorum bonorum* a encore pour lui quelque utilité : il empêchera ceux que le préteur appelle à son défaut d'obtenir la *bonorum possessio* après le délai pendant lequel elle lui est offerte : or, cette *bonorum possessio* serait peut-être *cum re*, c'est-à-dire maintenue contre sa pétition d'hérédité civile. Le *quorum bonorum* a sur la *petitio possessoria* les mêmes avantages de procédure : ce qui explique pourquoi le *bonorum possessor* peut préférer la voie de l'interdit. De plus, si la *bonorum possessio* est *cum re*, l'interdit *quorum bonorum* lui assure une possession qui ne sera plus mise en péril par un débat au pétitoire ; il est vrai que la *petitio possessoria* conduirait au même résultat, mais par une voie complexe plus dangereuse : le *bonorum possessor* opposerait une réplique de dol à l'exception tirée par le défendeur de sa qualité d'héritier. Il faut, toutefois, remarquer qu'après la suppression de l'*ordo judiciorum* et des *sponsiones penales*, le maintien dans la législation romaine du *quorum bonorum* est peu rationnel lorsque le demandeur et le défendeur prétendent à la qualité d'héritier. La division du possessoire et du pétitoire expose en pure perte à des décisions judiciaires inconciliables. Ce n'est pas, cependant, sans quelque raison que l'interdit se trouve dans les textes de la dernière époque. Quand l'héritier a pour adversaire un possesseur *pro possessore*, il est très-juste de séparer le possessoire et le pétitoire : j'ai déjà dit que, si le *possessor pro possessore* n'était pas un défendeur naturel à la pétition d'hérédité, on ne pouvait s'expliquer qu'elle fût donnée contre lui qu'en remontant à l'*usucapio pro herede ;* le débat au possessoire, au contraire, se comprend parfaitement : le *quo-rum bonorum* sert à tempérer la rigueur de la règle de la non-transmission de la possession à l'héritier, qui pourra réprimer les tentatives faites sans droit par un tiers depuis le décès, pour s'emparer de la possession, en prouvant que le *de cujus* y avait droit. Mais il faut que l'héritier n'ait pas encore appréhendé l'hérédité ; que s'il l'a appréhendée, il a, comme tout autre possesseur, la voie des interdits pour faire respecter sa possession.

PARTIE SIXIÈME

EXTINCTION DE LA PÉTITION D'HÉRÉDITÉ. USUCAPION PRO HEREDE.

Après ce rapide examen des sanctions prétoriennes du droit d'hérédité, je dois m'occuper de la durée de l'action. L'extinction proprement dite de la pétition d'hérédité tient à ce que l'ayant droit est resté trop longtemps dans l'inaction, et elle se produit alors même que le possesseur n'aurait pas une *praescriptio longi temporis* à invoquer à l'appui de sa possession : il faut même remarquer, en sens inverse, que la pétition d'hérédité, bien qu'elle fût une action réelle, n'avait pas été repoussée par une *praescriptio* insérée dans la formule, à la requête du défendeur prêt à prouver qu'il a possédé pendant dix ou vingt ans contre l'héritier présent ou absent. On disait qu'il vaut mieux étendre que restreindre la durée des actions. Or, comme dans l'*universum jus* il est des créances personnelles qui ne sont pas éteintes par la prescription de dix à vingt ans, on décidait aussi qu'elle n'était pas opposable à la pétition d'hérédité. Il en résulta que, jusqu'à Théodose le Jeune, les actions personnelles étant encore perpétuelles, la *petitio hereditatis* n'était pas non plus susceptible de s'éteindre. (**L.** 3, *Cod. de Praescr.* 30 *vel* 40 *ann.*)

A partir de cet empereur, la durée de la pétition d'hérédité, comme celle de la plupart des actions personnelles, fut limitée à trente ans par la *praescriptio longissimi temporis;* la loi 7, C. 3, — 31, est antérieure à ce changement, mais elle a pu être insérée dans le Code de Justinien, parce qu'elle ne fait que déclarer inapplicable à la pétition d'hérédité la *longi temporis praescriptio*, c'est-à-dire celle des actions réelles qui s'opérait par le laps de dix à vingt ans.

La pétition d'hérédité pouvait dans l'ancien droit être écartée, à cause de la possession du défendeur continuée un certain temps : le titre d'héritier, avec la propriété des biens héréditaires, lui était définitivement acquis par une sorte d'usucapion dite *pro herede* : institution singulière que les commentaires de Gaius ont permis d'entrevoir, quoique bien imparfaitement encore.

Gaius lui assigne deux motifs : *Voluerunt veteres maturius hereditates adiri ut essent qui sacra facerent, ut et creditores haberent a quo suum consequerentur.* Il faut s'en tenir à cette explication : Gaius n'écrivait pas assez longtemps après l'innovation d'Adrien pour avoir faussé le principe de l'usucapion *pro herede.* C'est donc à tort qu'on a voulu voir dans cette usucapion la confirmation de la *bonorum possessio* à l'époque où elle n'était pas encore *cum re :* rien n'indique qu'il fallût être *bonorum possessor* pour usucaper *pro herede*. Cette usucapion est qualifiée *improba* par Gaius, et on ne concevrait guère cette épithète appliquée au résultat final de la *bonorum possessio*. Comment, d'ailleurs, comprendre qu'au moment où le préteur développe activement son système de *bonorum possessiones*, il ait renoncé à un auxiliaire aussi énergique que l'usucapion *pro herede?* C'est d'autant plus invraisemblable qu'il restait, après Adrien, des *bonorum possessiones sine re* à consolider. Je ne m'arrête pas aux autres conjectures sur l'*usucapio pro herede*; il est incontesté que, jusqu'à Adrien, elle faisait acquérir par un an, même au *praedo*, le titre et les droits d'héritier : il est vrai que des immeubles peuvent être ainsi usucapés, mais l'hérédité n'étant pas *res soli*, se trouvait comprise parmi les *ceterae res*, pour lesquelles, en vertu de la loi des Douze-Tables, l'usucapion s'accomplissait par un an. Une réforme de cette *usucapio lucrativa*, dont la portée est l'objet de vives controverses, s'opéra sous Adrien par un sénatus-consulte, qui vraisemblement est le Juventien. Ce qui le fait croire, outre l'analogie des matières et la contemporanéité, c'est qu'il est prouvé, par la loi 40, — 5, 3, que le § 6 de la loi 20, — 5, 3, ne donne pas le texte entier du Juventien. Quoi qu'il en soit, ce sénatus-consulte d'Adrien n'abrogea pas complétement l'*usucapio pro herede*. Et, d'abord, des interprètes soutiennent (Étienne, de Fresquet) qu'elle fut maintenue contre l'héritier nécessaire (Gaius, 2, 58), mais il est plus que probable que le bénéfice du sénatus-consulte put être invoqué même par cet héritier, et que l'usucapion *pro herede* continua

seulement contre l'héritier nécessaire dans la limite où
le sénatus-consulte n'y avait pas porté atteinte. (L. 2,
Code *pro hered.*; — L. 1, § 15, — 47, 4.) Gaius, Com. 2,
§ 58, veut dire que l'usucapion est possible, bien qu'il
y ait un héritier nécessaire, bien que les choses héréditaires dès le décès aient eu un maître, si toutefois cet
héritier n'a pas pris possession. Cette dernière proposition explique pourquoi, dans la loi 29, — 41, 3, la
pétition d'hérédité est donnée à l'héritier possesseur de
toute l'hérédité qui en a livré la moitié à quelqu'un
qu'il croyait à tort être son cohéritier : celui-ci ne
pourra usucaper *pro herede* parce que l'héritier était
entré en possession. La loi 36, — 10, 2, au contraire,
suppose un partage de gré à gré après jouissance commune : le partage, malgré l'erreur sur la qualité prétendue du cohéritier, a opéré translation immédiate de
propriété ; d'où une *condictio indebiti* pour les choses
que l'héritier *ex asse* aura abandonnées par l'effet du
partage à celui qu'il croyait être son cohéritier. Ainsi
donc, le sénatus-consulte d'Adrien peut être invoqué,
même par l'héritier nécessaire, pour faire tomber l'usucapion. En quel sens? En tant que cette usucapion
ferait obstacle à la pétition d'hérédité : que si l'usucapant a aliéné, ses ayants cause ne pourront être inquiétés ; ils ont traité avec le *dominus* ; ceci est-il vrai
même dans le cas où l'usucapant est de mauvaise foi?
On peut le soutenir jusqu'à ce que Marc Aurèle eût introduit ie *crimen expilatae hereditatis* (Dig. 47, — 19) :
dès lors l'usucapion *pro herede* ne fut plus possible
qu'au profit de celui *qui putat se heredem esse*, et
seulement dans ses rapports avec les tiers ; dans les

rapports de l'héritier et de l'usucapant, les formules du *quorum bonorum* et de la *petitio hereditatis* rendent inutile l'usucapion *pro herede*. On a soutenu cependant, je le répète, que le sénatus-consulte d'Adrien n'avait empêché que l'usucapion de l'*universum jus*, et qu'elle continuait, après le sénatus-consulte, à faire acquérir au possesseur de bonne foi la propriété des choses particulières possédées par lui; l'usucapion lucrative seule eût été abrogée. (Gaius, 2, § 57; — L. 33, § 1, — 41, 3.) Mais j'ajoute aux raisons déjà données que l'opinion contraire ressort invinciblement de la loi 7, Code. — 3, 31 : *Nemini incognitum est*, que la *longi temporis praescriptio* ne couvre pas la pétition d'hérédité. Ce point n'est pas présenté comme une innovation par Dioclétien, et le Juventien prouve encore que c'était la règle de l'époque classique : si l'usucapion *pro herede* était opposable par le possesseur de bonne foi à l'heritier pour conserver le bénéfice en résultant, le principe *omne lucrum auferendum est bonæ fidei possessori* serait violé. On ne peut demander de preuve plus directe s'il est vrai que le Juventien soit le sénatus-consulte qui a restreint l'usucapion *pro herede*. L'usucapion par un an des immeubles de la succession eût-elle lieu au profit du possesseur de bonne foi, est d'ailleurs une usucapion lucrative justifiant les expressions de Gaius, Com. 2, §§ 56 et 57. Donc, depuis Adrien, l'usucapion *pro herede* ne limite plus la durée de la pétition d'hérédité, même à l'égard des choses particulières ; que si cette action est arrêtée au profit des tiers acquéreurs par l'effet de l'usucapion *pro herede* lorsque le possesseur de bonne foi a aliéné, c'est qu'on ne doit pas faire tomber une aliénation consentie par le véritable propriétaire : on pourrait ainsi expliquer la loi 25, § 17, rapporter les mots *si nondum usucaptae sint* à l'usucapion ordinaire, et supposer que le vendeur avait accompli l'usucapion *pro herede.*

APPENDICE

PÉTITION D'HÉRÉDITÉ PARTIELLE ET PÉTITION D'HÉRÉDITÉ FIDÉI-
COMMISSAIRE. (Dig. V, 4 et V. 5.)

La pétition d'hérédité est partielle quand le demandeur se prétend héritier pour partie ; on s'attache, pour dénommer l'action, à l'étendue de la prétention du demandeur, et non pas au fait que le possesseur détient tout ou seulement partie de l'hérédité. (L. I, § 1, — 5, 4.) Cette pétition partielle n'est pas une action distincte, quoi qu'en dise Ulpien, et bien que la formule reçoive une modification nécessaire : elle suit toutes les règles de la pétition totale. Mais le demandeur doit avoir grand soin de faire insérer dans l'*intentio* les mots *ex parte dimidia* ou tous autres qui précisent la quotité de son droit : sinon, à cause de la *plus petitio*, il perdrait complétement son procès, sa preuve eût-elle été irrésistible. (L. I, § 5, — 5, 4.) Il valait mieux, pour lui, réclamer une part plus faible, puis intenter, pour le surplus, une nouvelle action. L'héritier devait surtout être prudent si sa part était indéterminée : ainsi, le *de cujus* laisse un fils et sa femme enceinte : la part du fils dépendra du nombre de posthumes ; la loi 3, —

5, 4, conseille au fils de ne faire adition que pour un quart. Paul s'arrête au maximun éventuel de trois posthumes, avec une certaine hésitation. S'il naît moins de trois posthumes, un partage définitif donnera au fils un supplément de part. Du reste, dans tous les cas où l'héritier a une juste cause d'ignorer la quotité de son droit, le préteur lui permet de demander *incertam partem*, au lieu de réclamer, par excès de prudence, comme ci-dessus, une part vraisemblablement trop faible; ce qui donnerait lieu à deux procès ou au moins à deux partages. Julien, dans l'hypothèse de la loi 8, — 5, 4, confond la pétition totale et la pétition partielle : le demandeur, dans l'espèce, se prétend héritier *ex asse*, le défendeur soutient l'être pour partie seulement : quoique le débat ne porte que sur la partie pour laquelle le défendeur se dit héritier, il est bien évident que le demandeur *ex asse* tend à ce que son adversaire lui restitue tout ce qu'il possède et non pas une part dans chaque objet; son action est donc totale. La pétition d'hérédité partielle diffère de la *familiae erciscundae*, notamment en ce qu'elle a pour but de faire obtenir au demandeur une part indivise, et, de plus, en ce que le droit du demandeur n'est pas reconnu par son adversaire.

Lorsque l'hérédité est possédée par plusieurs, diverses solutions sur le mode d'intenter la pétition d'hérédité partielle ont été admises *utilitatis causa*. Je reproduis ici les plus importantes : Si je prétends être héritier pour moitié et que mon cohéritier possède l'hérédité avec un étranger, Pégase décide que je ne puis agir que contre l'étranger qui me restituera tout ce qu'il possède : je ne dois pas avoir d'action contre mon cohéritier, puisqu'il ne possède pas au delà de sa part; les principes voudraient cependant que ma pétition d'hérédité fût intentée même contre mon cohéritier, et que celui-ci dirigeât ensuite son action contre le possesseur étranger; mais l'avis de Pégase est plus conforme à l'utilité pratique. (L. I, § 3,—5, 4.) Si dans la même espèce mon cohéritier possédait plus que sa part (ainsi je suis héritier pour moitié et Titius, mon cohéritier, pour l'autre moitié; un étranger, Seius, possède un tiers, mon cohéritier et moi nous possédons chacun un tiers), régulièrement, je devrais attaquer mon cohéritier et Seius, chacun pour un sixième, puis Titius redemanderait à Seius et à moi un sixième. Pour abréger, en compensant les prétentions de Titius avec les miennes, on nous donnera tout ce que Seius possédait. (L. I, § 4,—5, 4.) Si les deux prétendants à l'hérédité possèdent divisément et contestent chacun la qualité d'héritier de son adversaire, il y aura une pétition d'hérédité partielle réciproque : si chacun triomphe pour une part, l'indivision commençant, l'action en partage sera possible.

L'action en pétition d'hérédité fidéicommissaire était, à l'époque classique, une action utile; sous Justinien, comme la *petitio hereditatis possessoria,* elle ne se distingue pas de la pétition d'hérédité civile : *Eadem recipit quae petitio civilis.* (L. 2, — 5, 6.) Je ne puis entrer dans les détails d'application de cette pétition d'hérédité; je me borne à dire qu'en vertu du Trébellien, le fidéicommissaire avait une action fictice, contre les tiers possesseurs, pour obtenir l'hérédité, car il était *loco heredis.* Dans la plupart des cas, les actions se divisent et la pétition, soit du fiduciaire, soit du fidéicommissaire, est une pétition partielle. Si, toutefois, le défunt a laissé au fiduciaire, pour le remplir de sa quarte, un objet particulier, ou si le fiduciaire a fait adition *jussu praetoris*, en vertu du Pégasien et conformément au Trébellien, la pétition du fidéicommissaire sera totale.

DROIT FRANÇAIS

PARTIE PREMIÈRE

ANCIEN DROIT.

J'ai à rechercher quelle influence la savante organisation de la pétition d'hérédité du droit romain doit exercer sur le droit français. La meilleure méthode serait de conduire cette étude suivant une marche rigoureusement parallèle dans les deux législations : les analogies et les différences seraient ainsi mises en saillie. Cependant, tout en m'efforçant de m'éloigner le moins possible de l'ordre que j'ai adopté en droit romain, il sera quelquefois indispensable de l'abandonner. La *petitio hereditatis* se rattache d'une façon intime à la théorie générale des actions; il s'ensuit que les principes d'organisation judiciaire et les règles de procédure, particuliers à la législation romaine, m'ont imposé une division fondée sur les caractères de la formule et sur ses différentes parties. Le droit français, au contraire, ne connaît pas de formules sacramentelles, ni d'actions nommées; le droit d'agir en justice est dégagé de nombreuses formes restrictives : toute réclamation justifiée par une disposition de loi ou par l'équité peut se produire : il n'y a donc plus, au point de vue

de la forme, à se demander si telle action est ou n'est
pas comprise dans la pétition d'hérédité, si telle restitution ou déduction rentre dans l'office du juge : nos
tribunaux ne sont pas liés par les termes des conclusions des parties, en ce sens qu'un demandeur ne serait
pas déchu pour avoir réclamé plus qu'il ne lui est dû;
mais ils ne doivent jamais statuer sur ce qui pourrait
être l'objet d'une demande et, en fait, n'a pas été déduit dans les conclusions.

On conçoit dès lors qu'une même classification, appliquée en tout point à des idées si différentes, bien
que de prime abord elle paraisse utile, serait une en-
trave à la recherche déjà fort difficile des règles du
droit civil français sur la pétition d'hérédité.

Le Code Napoléon, dans l'art. 137, réserve à l'absent
« les actions en pétition d'hérédité et autres droits, » et
l'on ne saurait trouver dans toutes nos lois aucune
autre disposition sur une situation juridique fort importante, cependant, au point de vue théorique, et
susceptible d'applications pratiques très-variées. Ainsi,
le Code est muet sur la définition, sur les caractères et
sur les effets de la pétition d'hérédité ; il n'y est
question ni des conditions d'existence de l'action ni
des circonstances dans lesquelles elle est donnée.
Est-ce à dire pour cela que la théorie romaine doive
revivre en entier? non ; ce serait tirer une conséquence
exagérée du silence du Code Napoléon ; pour les fruits
notamment et pour plusieurs autres parties réglées par
le sénatus-consulte Juventien, il faut repousser les
solutions du droit romain, soit à cause de certains
principes généraux, qui, à moins de dérogation pour

une matière spéciale, dominent toute la législation, des analogies de notre droit nouveau ou des règles de l'équité, enfin de tous les éléments d'interprétation autres que la tradition, soit à cause de plusieurs modifications que la sagacité de nos grands auteurs coutumiers, Dumoulin, d'Argentré, Pothier, avait fait prévaloir dans notre ancienne jurisprudence.

Je dois étudier cette action du droit ancien sur la théorie romaine de la pétition d'hérédité, examiner la physionomie nouvelle qu'elle prit en présence d'un droit successoral nouveau ; ce n'est qu'après avoir amené la pétition d'hérédité jusqu'à l'époque de la rédaction de notre Code qu'il sera utile de discuter quelle part d'autorité l'interprète doit accorder à l'élément romain et à l'élément coutumier, à défaut de dispositions législatives.

Le droit germanique eut un système de succession profondément original ; mon examen doit porter sur les garanties qu'il offrait à l'héritier, et non pas sur l'esprit qui a présidé à la vocation des parents à l'hérédité. A la différence du droit romain, l'héritier, dès le jour du décès, continue immédiatement la saisine de droit ou de fait du défunt. Autant dans l'intérêt de la famille que de la paix publique, le droit germanique, d'ordinaire si simple, s'éleva à cette fiction que la possession des biens immeubles et meubles passe sans appréhension physique aux membres de la famille appelés à la succession ; Tacite, avec sa concision habituelle, caractérise ainsi le droit de succession des Germains : *Proximus gradus in possessione.* (Cap. **XX**, *de Mor. Germ.*) Il faut insister sur ce principe du droit germanique, car il est l'origine de la règle coutumière, le mort saisit le vif, qui a des conséquences notables quant à la pétition d'hérédité : la famille et la société étaient intéressées à toutes les transmissions de la propriété foncière, l'une à raison de son obligation de garantie, l'autre à raison de la qualité d'homme libre et du devoir de défense publique. Si celui qui venait à mourir avait la saisine, il fallait, dans l'intérêt commun, qu'un parent mâle succédât à tous les avantages de cette saisine, en même temps qu'il s'exposait à toutes les charges de la famille; la qualité de parent seule était requise, l'obligation solidaire de tous les parents entraînait le droit collectif de veiller à la conservation du patrimoine. Aussi la transmission de la saisine avait-elle lieu même du vivant du propriétaire qui, par son âge ou par toute autre cause, n'offrait plus à la famille ou à la commune des garanties suffisantes. Dans ces diverses hypothèses tous les parents étaient saisis, mais la saisine préférable allait à celui que la coutume appelait en premier rang à recueillir la succession. Il en faut conclure que la pétition d'hérédité ne pouvait pas avoir alors une application bien certaine : dans un état de civilisation peu avancé, la possession et la propriété sont presque confondues : l'héritier est, avant tous, légalement possesseur; en outre, dans la Constitution sociale des Germains, la famille est trop resserrée, trop concentrée, pour que les usurpations de biens héréditaires par des étrangers soient facilement réalisables; d'autre part, les familles sont, par suite de cette union, trop fortes pour que la puissance publique puisse intervenir efficacement si, en fait, elles ont lieu : son action ne se fait sentir que si l'existence de la tribu est menacée. Un parent non appelé à la succession se rendît-il coupable d'une usurpation, ou fût-il entré en possession, sa saisine propre, de fait ou de droit, ne pourra prévaloir sur la saisine de droit de l'héritier plus proche habile à s'acquitter des charges publiques. Quoi qu'il en soit pour l'époque germanique, on rencontre la pétition d'hérédité à l'état rudimentaire, il est vrai, dès le onzième siècle, dans les Assises de Jérusalem (Beugn., t. I, p. 222 et 525); la procédure de l'action est même réglementée avec d'assez grands détails : *l'heir aparant ou dreit* peut triompher de la résistance que lui oppose le possesseur de la succession, ayant la saisine de fait, qui se prétend lui-même saisi de droit en qualité d'héritier; comme dans toutes les procédures de cette époque, chaque partie présente des garants; mais, chose remarquable, la conviction du juge est ici souveraine, le combat judiciaire est exclu. Il ne faut pas, toutefois, attacher à ces témoignages du droit des chrétiens d'Orient une trop grande importance historique : il n'y aurait peut-être là qu'un emprunt au droit romain dont le triomphe commençait déjà. Mais les coutumes françaises sont explicites et quant à la saisine et quant à la pétition d'hérédité. Bien que les principes du droit germanique aient plus pénétré dans le nord que dans le midi de la France, l'adage que le mort saisit le vif était le droit commun même des pays de droit écrit. L'art. 318 de la coutume de Paris le formulait ainsi : *Le mort saisit le vif son hoir le plus proche habile à lui succéder.* Dans la plupart des coutumes, la saisine avait lieu en ligne collatérale comme en ligne directe ; il en était autrement dans celles de Bretagne (art. 540), de Normandie (art. 237) et de Bourbonnais (ch. XIX, art. 216). Cette saisine des coutumes était-elle la même que la saisine du droit barbare? on a prétendu qu'un changement considérable s'était opéré : les lois barbares auraient accordé la saisine de droit à tous les parents du *de cujus*, et non pas au plus proche ; les coutumes, au contraire, ne l'auraient accordée qu'au plus prochain héritier. Cette opinion repose sur une fausse interprétation de la saisine germanique et de la saisine coutumière.

Outre le passage de Tacite *proximus gradus in possessione*, des textes formels repoussent l'idée d'une saisine, sanction du prétendu *condominium* des Germains (*Droit terr. Saxon*, I, 52, § 1 et 2, III, 83, § 1 ; *Droit terr. Souabe*, § 52) ; si un autre parent que celui appelé par la loi nationale s'emparait des biens, il ne pouvait acquérir qu'une saisine de fait, inefficace en présence de la saisine de droit du parent plus proche (Klimrath, tr., t. II, p. 383) ; mais il suffisait à un parent quelconque, pour se mettre en possession, de prouver sa parenté avec le défunt, pourvu qu'elle ne fût pas au delà du sixième degré (*Loi Salique*, tit. 54 ; *Loi Ripuaire*, tit. 56.) L'on prétend que l'art. 318 prouve que, même en ce point, le droit coutumier s'est écarté du droit germanique ; on oublie ainsi que deux sortes de contestations peuvent naître à l'occasion d'une succession, soit entre un parent plus rapproché et un parent plus éloigné, soit entre des héritiers et des tiers ; la coutume se réfère aux contestations de la première espèce, et à elles seulement. D'Argentré, sur l'art. 509,

C. de Bretagne, observe que les rédacteurs de la Coutume n'ont pas jugé utile de dire que le saisi était le plus proche héritier, parce que surtout, entre descendants (seuls saisis dans la coutume de Bretagne), il ne peut s'élever de doute sur le point de savoir qui doit être préféré; c'est donc *au regard* des héritiers que les Coutumes s'expliquent, en général, sur la saisine, et non pas *au regard* des tiers. Le *Grand Coutumier*, l. II, ch. 21, témoigne en ce sens : « La Coutume, qui dit « que le mort saisit le vif est à entendre en ligne di- « recte et en ligne collatérale, *saisina jurismodo et non* « *facti*, par la manière qui s'ensuit, c'est à sçavoir « que si *notoirement il appert de la ligne et du lignage*, « li successeurs est tout saisi de droit ainsi comme dit « est, et ne lui est nécessaire d'aller ni au seigneur, « ni au juge, ni autre. » Il est bien évident que si ce texte n'était pas relatif aux effets de la saisine par rapport aux tiers, l'auteur du *Grand Coutumier* eût exigé une autre preuve que celle de la ligne et du li- gnage. Il y a donc, dans nos coutumes comme dans le droit germanique, une saisine commune à tous les pa- rents contre les tiers. Quels étaient les avantages que cette saisine conférait? il est important de le savoir pour déterminer le domaine de la pétition d'hérédité. A l'ori- gine, la saisine héréditaire ne comprend que les immeu- bles, et les meubles placés sur les immeubles; mais bientôt sous l'influence, sans doute, du droit romain, la saisine fut étendue à l'ensemble de la succession, lors même qu'elle se composait exclusivement de meubles; tandis qu'elle n'aurait pas eu lieu pour des meubles singuliers; c'est ce que dit le *Grand Coutumier*, liv. II, ch. XXI : « En cas de succession universelle, combien que l'on ne feist pas à recevoir à demander par nouvelleté une pinte, une robbe ou autre meuble, toutefois l'on fait bien à recevoir à demander la succession, supposé qu'il n'y ait que meubles. » La marche des idées est ici fort remarquable; après avoir admis la possession des choses incorporelles, l'usucapion *pro herede* en est une preuve, le droit romain, de bonne heure, avait refusé à l'héritier, quoiqu'il eût fait adition, l'exercice des voies possessoires ; c'est cependant l'influence du droit romain qui a fait opérer le retour à la possession d'une universalité de biens ; la saisine héréditaire était trop traditionnelle pour que le droit romain pût faire autre chose que prêter à son extension. Quels étaient les caractères de la saisine héréditaire? C'était une simple saisine de droit, à moins que le défunt eût la vraie saisine ; on entendait par vraie saisine la saisine simple devenue inattaquable par une sorte de prescription acquisitive, d'an et jour, contre l'action réelle née de toute autre simple saisine de droit qui, avant, eût été plus forte ou plus privilégiée. On lit au liv. II, chap. IV, des *Établiss.* : « Li usaiges si est tiex que li « mort sesit le vif et que il doit avoir sesine se autres « ne se tret avant qui ait plus grant droit en la chose « que cil. » — Or, la saisine spéciale primait la saisine générale : « Si aucun se fait tenir généralement « en possession d'une succession universelle et aucun « en tienne et possède singulièrement une partie « par an et jour, il acquiert telle possession que « ceste garde générale ne s'estendra pas à cette sin- « gularité. » Ce délai d'an et jour courant à partir de

l'ouverture de la succession, on est confirmé dans la
pensée que l'art. 318 de la *Coutume de Paris* ne devait
pas faire obstacle à ce qu'un parent, autre que le plus
proche héritier, fît valoir les droits du défunt à la possession et appréhendât les biens de sa propre autorité.
Il y avait un très-légitime intérêt dans le cas où il pré-
voyait que l'héritier du premier degré renoncerait ; si
ce système, d'une véritable utilité pratique, n'avait pas
été adopté, le plus souvent, l'héritier du second degré
eût été dans l'impossibilité d'intenter la complainte. La
saisine de cet héritier n'offrait aucun inconvénient pour
l'héritier plus proche ; il pouvait, en effet, exercer contre
lui la complainte, et le délai de cette action ne comptait
plus du jour de l'ouverture de la succession ; la complainte n'était-elle plus recevable, il pouvait intenter
l'action pétitoire. J'ai cru devoir entrer dans ces détails sur la saisine, car l'héritier ne songera guère à
agir au pétitoire tant que la voie possessoire lui sera
ouverte ; aussi le seul cas où la pétition d'hérédité
devait se montrer dans la pratique était celui ou l'héritier, pour avoir gardé le silence dans l'an et jour,
avait laissé acquérir la saisine de droit au possesseur.
On peut dire encore que l'héritier recourait à la pétition d'hérédité quand il ne pouvait pas être saisi, soit
que le *de cujus* n'ait pas eu la possession, soit que,
l'ayant eue, sa possession fût vicieuse ou n'eût pas
duré l'an et jour. Sur l'action en complainte pour saisine héréditaire et sur l'action pétitoire en pétition
d'hérédité, le *Livre de Justice et Plet* fournit de pré-
cieux renseignements : « Uns hons dit issi : P... tient
« une meson qui fut mon père dont mes pères mori

« sesis et vestus *na pas un an,* don li eritages doit estre
« miens : car sil est nié ne mesqueneu quil ne soit
« issint com je di je sui prez de monstrer et de avérer
« par moi et par garanz qui set ce de voir et de sa-
« voir. Il tret son garant qui l'offre à prouver et à
« verer si com il devra; et li autres fait encontre tel
« ni et tel deffense com il doit. Len demende qu'en
« dit droit? et len dist que cil a qui len demende
« est loisanz de prendre la prove de lui et de son
« garant et de quenoitre que cest voirs ou descondire
« par la soe, car en éritage n'a point de batalle mes
« prove de tesmoing. » — Puis, pour la petition d'hé-
« rédité : « Qui demende eritage uns hons dit issi :
« Tybaut tient vignes qui sont en tel leu qui moies
« sont par le reson de mon père qui cele chose estoit
« quand il ala de vie à mort; et s'il veaut dire que
« ce ne soit voirs je sui prez de monstrer par moi et
« par garanz qui en jurront. A ce respont Tybaut qu'il
« a en pluseurs leus vignes et demende mostrée. —
« A la mostrée il ont été et Tybaut nie que en cele
« chose na il nul droit ne que il ne tient nule rien del
« suen. Il offre à prover et li autres à deffendre si
« com il doit. — Len demende quen dit droit? et len
« respont que par tex moz n'est batalle et qui vaincra
« si emportera la querelle. » — Ces textes nous font
connaître exactement la procédure de l'action possessoire et pétitoire appliquée à l'hérédité; mais ils pourraient tromper sur la question de preuve que doit faire
le demandeur : ils semblent lui imposer, tant au pétitoire qu'au possessoire, l'obligation d'établir qu'il est
l'héritier le plus proche. Pour le possessoire, j'ai déjà dit

que la preuve de la qualité de parent était suffisante,
aussi je crois que c'est d'une façon purement énoncia-
tive que les deux textes du *Livre de Justice et Plet*
parlent du fils; si, d'ailleurs, le demandeur devait
prouver qu'il est l'héritier le plus proche, il faudrait
non-seulement qu'il invoquât la qualité de fils, mais
celle de fils unique. Or, ce surcroît de preuve n'est
imposé ni par les textes que je viens de citer, ni par
les arrêts des Olim (t. 2, p. 249; t. 1, p. 163). Au
pétitoire comme au possessoire, il suffit donc, pour
triompher contre les tiers, de justifier qu'on est de
la ligne et du lignage. Cette opinion, du reste, ne peut
faire doute pour qui reconnaît que l'héritier du degré
subséquent était saisi; car la saisine comprenait la propriété comme la possession. Et il est bien difficile de
nier cette saisine à l'égard des tiers de tous les parents
avec un droit de préférence pour la saisine de l'héritier le plus proche, puisque, d'une part, la saisine
ne peut être acquise qu'au moment du décès, et que,
d'autre part, l'héritier le plus proche est exclu, après
un certain délai, par l'héritier d'un degré plus éloigné, lorsqu'il ne veut accepter que sous bénéfice d'inventaire (*C. de Reims*, art. 308). — Le principe de la
saisine n'est pas le seul trait caractéristique du droit
successoral des Germains et de la France coutumière :
non moins célèbre que *le mort saisit le vif* est la règle
institution d'héritier n'a point lieu, Glanville (*De Leg.
Ang.* liv. VII, chap. Ier) précise mieux : *Solus Deus
heredem facere potest non homo.* Mais il n'en était pas
de même dans le Midi : la *Coutume de Bordeaux* disait
expressément : « Le mort saisit le vif en quelque ma-

nière qu'il succède, par testament ou sans testament. »
— Donc, le titre légal de successeur, dans le Nord,
peut seul donner droit à intenter une pétition d'hérédité. — Chez les Germains, avait dit Tacite, *nullum
testamentum*, la volonté de l'homme est impuissante
à créer un héritier par testament; et, par une sorte de
contradiction bizarre, l'effet que le testament ne pouvait
produire résultait d'une institution d'héritier par contrat, l'*adoptio in heredem* ou l'*affatomia*. C'était le mode
antique de disposition des biens en Germanie, et, pendant longtemps, le mode unique pour celui qui,
n'ayant pas d'enfant, voulait instituer son conjoint ou,
quelquefois, un étranger; l'affatomie se faisait dans une
forme solennelle : le donateur ensaisinait le donataire,
puis le désaisinait dans l'année, car il se réservait la
jouissance jusqu'à sa mort. Ce mode de disposer, donnant au *de cujus* un successeur, devait être sanctionné
par la pétition d'hérédité; des capitulaires de 803 et de
816 le confirmèrent, et Loisel a écrit, liv. II, ch. IV,
rég. 9 : « Institution par paction ou reconnaissance
« d'héritier pure et simple ou mutuelle et donation
« particulière par contrat de mariage vaut par la loi
« Salique des Français et ne se peut révoquer. » C'est
à tort que Laurière et M. Merlin (v° *Inst. contr. rep.*)
ont critiqué cette origine de l'institution d'héritier par
contrat. Les titres 48 de la loi Salique, 15 de la loi
des Saxons, et le titre 37 de la loi des Ripuaires, y
sont consacrés. Ce ne fut pas la seule exception à la
règle primitive *nullum testamentum;* les rappels à succession en constituaient une autre non moins importante : avant la *decretio* de Childebert II et dans les

pays où cette *decretio* ne fut pas reçue, le rappel à succession faisait venir les petits-enfants du fils prédécédé à la succession en concours avec les descendants au premier degré ; il permettait aux enfants naturels de partager avec les enfants légitimes, et aux filles de partager avec les fils la terre salique. Au quatorzième siècle, la représentation disparaît, et aussitôt Jean Desmares, déc. 238, atteste l'emploi du rappel à succession. Enfin, dans le droit des coutumes, où la représentation est généralement admise, le rappel à succession se rencontre, cependant, soit pour remédier à la renonciation des filles dotées, soit pour faire arriver à la succession les enfants du fils exhérédé, soit encore en ligne collatérale, mais avec des distinctions dans le détail desquelles je n'ai pas à entrer. — La pétition d'hérédité et l'action possessoire compéteront dans ces diverses hypothèses au rappelé. — Il en sera de même dans les coutumes qui, en très-petit nombre, font exception à la règle « Institution d'héritier n'a pas lieu, » *Coutume de Berry*, tit. 18, art. 17; *Coutume du duché* chap. VII, art. 4, et du *Comté de Bourgogne*, art. 43 : « Le mort saisit le vif son héritier testamentaire in- « stitué en testament solennel ou nuncupatif. » — Une dernière différence avec le droit romain est que le droit coutumier donne la saisine et la pétition d'hérédité au conjoint (Pothier sur l'art. 301, *Coutume d'Orléans*), bien qu'on évite de le considérer sous plusieurs rapports comme un véritable héritier, bien que quelques coutumes même lui préfèrent le fisc, ainsi la *Coutume du Bourbonnais*, art. 328; dans les coutumes où les bâtards succédaient à leurs enfants légitimes ou à leur

mère (Saint-Omer, Thérouenne, Valenciennes), ils
avaient les mêmes garanties de leur droit que le conjoint. A côté de ces successeurs irréguliers et en dehors
des héritiers proprement dits, il faut encore placer le
roi, qui succède à l'aubain, au bâtard, ou par droit de
déshérence ou de confiscation ; le seigneur haut justi-
cier, qui vient aussi, parfois, par droit de bâtardise ; le
seigneur féodal, qui prétend droit aux biens de son serf
mainmortable ; le monastère, qui réclame le pécule du
religieux ; ce sont autant de successeurs aux biens qui
ne peuvent avoir la pétition d'hérédité proprement dite,
ne succédant pas à la personne, ne faisant même pas
valoir, contre les possesseurs, un droit de succession,
car l'aubain, le religieux laissent une universalité de
biens et non une hérédité ; mais on leur accorde une
action à l'instar de la pétition d'hérédité, dit Pothier,
pour qu'ils puissent faire valoir leur droit à cette universalité.

Voilà ce que j'avais à dire sur le rôle de la pétition
d'hérédité dans notre ancien droit et sur les différentes
personnes qui pouvaient intenter cette action. J'ai maintenant à parler du règlement des rapports de l'héritier
et du possesseur, en tant qu'il s'écarte du droit romain.
En ce qui concerne les prestations personnelles dues
par le défendeur en pétition d'hérédité, le bon sens
autant que la tradition consacrèrent la distinction entre
le possesseur de bonne foi et le possesseur de mauvaise
foi. Celui-ci devait supporter toutes les suites de son
indue possession ; nos anciens auteurs n'avaient pas
jugé à propos de tempérer, en sa faveur, la rigueur des
lois romaines. Quant au possesseur de bonne foi, au

contraire, ils en modifiaient l'application à certains
égards, bien qu'ils admissent aussi le principe d'après
lequel il ne doit être tenu que dans la limite de son
émolument. Pothier s'explique sur ce sujet avec quelque étendue et approuve sans restriction les décisions
des jurisconsultes qu'il croit conformes aux principes
de l'équité ; il leur adresse seulement la critique d'être
d'une application difficile dans la pratique.

En effet, dit-il, il n'est guère possible de connaître
si le possesseur de bonne foi qui a reçu des sommes
d'argent des débiteurs de la succession et du prix de la
vente des effets de cette succession, et qui les a employés, s'en trouve plus riche ou non au temps de la
demande en pétition d'hérédité ; il faudrait, pour cela,
entrer dans le secret des affaires des particuliers, ce qui
ne doit pas être permis. « Il a fallu, dans notre pratique
« française, s'attacher à une autre règle sur cette ma-
« tière, qui est que personne ne devant être présumé
« dissiper ce qui fait le fonds d'un bien qu'il croit lui
« appartenir, le possesseur de bonne foi des biens
« d'une succession est censé avoir profité de tout ce
« qui lui est parvenu des biens de cette succession,
« et qui en compose le fonds mobilier, et en profiter
« encore au temps de la pétition d'hérédité, sauf preuve
« contraire. » La doctrine d'Ulpien, de la loi 23, est
donc abandonnée ; je n'ai pas ici à déduire toutes les
conséquences de cette innovation capitale quant au
fonds, Pothier en signale plusieurs que je reproduis :
« Lorsque le possesseur de bonne foi a été condamné à
« rendre les biens de la succession au demandeur, il
« doit lui donner un compte de toutes les sommes qu'il

« a reçues, soit des débiteurs de la succession, soit du
« prix de la vente des effets de ladite succession, et,
« généralement, de tout ce qui lui est parvenu en com-
« posant le fonds mobilier. Sur le montant de toutes
« ces sommes, on doit lui faire déduction de toutes les
« dépenses qu'il justifiera avoir faites pour les biens de
« l'hérédité, sans qu'elles puissent être critiquées, lors-
« qu'elles ont été faites avant la demande, et pendant
« que la bonne foi existait. Ces dépenses, eu égard à
« sa qualité de possesseur de bonne foi, doivent lui
« être allouées, quand même elles auraient été faites
« mal à propos ; car, n'étant tenu en sa qualité de pos-
« sesseur de bonne foi, de la restitution des biens de
« la succession que jusqu'à concurrence de ce qu'il est
« présumé en profiter, soit que ces dépenses aient été
« bien ou mal faites, il suffit qu'il établisse qu'il les a
« faites pour justifier qu'elles ont diminué le profit
« qu'il a retiré de la succession, et par conséquent
« qu'elles ont diminué ce qu'il doit rendre à l'héritier.
« On doit aussi allouer en déduction au possesseur de
« bonne foi toutes les pertes qu'il justifiera avoir été
« faites sur les biens qui lui sont provenus de la suc-
« cession, sans qu'on doive examiner, lorsqu'elles sont
« survenues avant la demande, si c'est par son fait ou
« par sa faute qu'elles sont arrivées, car, dans tous les
« cas, elles ont diminué le profit que ce possesseur a
« retiré de la succession. » Voilà, pour les prestations
personnelles dues par le possesseur, le tableau complet
du dernier état de notre ancienne jurisprudence : dans
la question des fruits elle s'était montrée beaucoup plus
timide. Pothier reconnaît que la règle *fructus augent*

hereditatem va contre l'équité, contre la suite logique de sa doctrine, quant au fonds, mais il lui semble trop hardi de s'en écarter : « Si un père de famille est pré-« sumé conserver ses fonds, il est au contraire présumé « dépenser ses revenus. Le possesseur de bonne foi re-« gardant comme ses revenus les fruits qu'il perçoit des « biens d'une succession qu'il croyait lui appartenir, il « semble qu'on devrait présumer qu'il les a dépensés, « soit en vivant plus largement, soit en les employant « en aumônes, et qu'il n'en est pas enrichi, tant qu'on « ne justifie pas le contraire, et qu'il devrait, en con-« séquence, être déchargé de compter les fruits. Il faut « néanmoins convenir que notre pratique française est « contraire, et qu'on exige de celui qui s'est mis en pos-« session d'une succession qu'il compte des fruits à « l'héritier qui l'a évincé. » On voit que Pothier ne se fait pas la moindre illusion sur la valeur de la règle qu'il croit imposée par la tradition. Domat (Loi civ., L. III, tit. V, sect. 3, n° 9) part du même principe *fructus augent hereditatem* ; il en limite l'application au profit du possesseur de bonne foi de toute la succession évincé après une longue jouissance par un cohéritier : « S'il ne peut rendre les fruits de la portion de son co-« héritier sans être ruiné ou beaucoup incommodé, il « serait de l'équité de modérer cette restitution par « quelque tempérament selon les circonstances. »

Il est permis de douter que la doctrine de Pothier et de Domat fût la vraie : il faudrait une tradition bien constante et bien unanime pour que la maxime *fructus augent hereditatem* dût être reçue, comme le veut Pothier, de par sa seule autorité ; or, cette tradition n'existe pas. Le passage suivant du titre des *Péticions d'éritage* du *Livre de Justice et Plet*, qui ne peut être suspect, puisqu'il est plus en général l'expression du droit romain que du droit national pur, paraît bien contraire à la règle *fructus augent hereditatem* : « Et totes « les choses qui ont cors que len demende en plet se « sil qui len demende veaut mostrée il les doit avoir, « se nest de choses si com de denier ou dautres choses « qui sont desenavenciees par le vice de ceux qui ont « tenu : si com de vin, uille, blé et autres choses sem- « blables. »

Il n'y a rien à ce sujet ni dans la Somme rurale ni dans le grand Coutumier, mais l'ordonnance d'août 1539, rendue en conformité de deux arrêts de 1529 et de 1534, décidait dans son art. 94 « qu'en toutes matières « réelles, pétitoires et personnelles, intentées pour hé- « ritages et choses immeubles, s'il y a restitution de « fruits, ils seront adjugés, non-seulement depuis « contestation en cause, mais aussi depuis le temps que « le condamné a été en demeure et mauvaise foi aupa- « ravant ladite contestation. » Le possesseur de bonne foi n'étant en demeure que du jour de la demande, comment concilier cet article 94 avec la règle romaine? L'art. 62 de la C. de Normandie paraît bien aussi ne rendre comptable le possesseur de bonne foi que des fruits perçus pendant l'instance : « Durant la suite de « la loi apparaissant, le défendeur demeure saisi, sauf « la question des fruits si en fin de cause il déchéoit. » Les art. 597 et 538 de la C. de Bretagne n'imposent, d'après d'Argentré, la restitution des fruits que du jour de la demande en délaissement. On n'a pas voulu,

dit-il, que la tolérance imprudente de celui qui laisse jouir son cohéritier, sans réclamer sa part, fût pour celui-ci une cause de ruine ; et cette règle s'appliquait même aux mineurs. La jurisprudence était divisée ; elle adoptait, en général, l'opinion de d'Argentré : à deux arrêts, l'un de la Cour de Chambéry de 1590, l'autre, moins formel, du parlement de Douai de 1690, en faveur de la règle *fructus augent hereditatem*, on peut opposer deux arrêts de la Cour souveraine de Brabant de 1640 et de 1652, cités par Stokmans, et un arrêt du Parlement de Paris du 10 juillet 1630. Est-ce donc l'unanimité de la doctrine du dix-huitième siècle qui a entraîné Pothier et Domat ? Il faut renoncer à le croire lorsqu'on a lu dans Lebrun (liv. II, ch. VII, sect. 1.) « qu'il est cer-
« tain que dans notre usage la bonne foi du possesseur
« l'exempte de restituer les fruits de la succession ;
« mais cela n'a lieu qu'en cas que les fruits ne soient
« plus en nature. » Loyseau, des *Offices*, liv. V, ch. V, n° 40, Argou, dans ses *Institutes*, liv. IV, ch. XVII, Bourjon, liv. VI, tit. 4, ch. IV, sect. 2, parlent de la même manière. Ce dernier auteur termine ainsi : « Je l'ai entendu juger au Châtelet, et c'est
« droit commun. »

L'ancien droit fut encore beaucoup plus favorable aux détenteurs d'objets faisant partie d'une hérédité, à un autre point de vue : le possesseur rendait seulement compte de toutes les sommes qu'il avait reçues comme prix de vente des choses héréditaires ; et quoiqu'il fût possesseur de mauvaise foi, il ne devait les intérêts que du jour de sa mise en demeure. Il est évident que l'obligation du possesseur de mauvaise foi, à raison des

intérêts des fruits, selon la loi 51, § 1, — 5, 3, se trouvait être abrogée *a fortiori*. Domat (liv. III, tit. 5, sect. 3, n° 17) en fait la remarque expresse : « Quel-
« que nombre d'années que la jouissance des choses
« dont la restitution doit être faite puisse avoir duré,
« quand même ce serait contre un possesseur de mau-
« vaise foi, il n'est dû que la simple estimation de cette
« jouissance sans aucun intérêt de la valeur des fruits
« de chaque année. Mais s'il y a une demande de cet
« intérêt, il sera dû depuis la demande ; car la valeur
« de ces fruits, qui sont un bien effectif, tient celui de
« capital. »

Enfin d'Argentré (art. 538 Cout. de Bret.) signale une dernière innovation dans les rapports du demandeur et du défendeur à la pétition d'hérédité. Pour se faire tenir compte de ses impenses, le possesseur, même de bonne foi, n'avait aucune action s'il perdait la possession, le secours qu'on lui prêtait, l'exception de dol ou la rétention, étant purement défensif. Au contraire, d'Argentré, s'appuyant sur l'avis de Dumoulin, donne une action même au possesseur de mauvaise foi, pour se faire tenir compte de ses impenses, par la raison qu'il est injuste que l'héritier s'enrichisse aux dépens d'autrui. d'Argentré présente cette décision équitable comme incontestée de son temps. Pothier nous apprend encore que la pratique française venait au secours du possesseur de mauvaise foi dans le cas où il avait cessé de posséder par mauvaise foi : « On ne
« défère pas le serment *in litem* au demandeur, mais
« les dommages-intérêts doivent être réglés par experts
« dont les parties conviendront, qui auront connais-

« sance des effets que le possesseur a manqué de repré-
« senter. Quelquefois le juge les arbitre lui-même. »

Il me reste à parler de la durée de la pétition d'hé-
dité. En droit commun elle était de trente ans ; cependant M. Merlin cite les coutumes d'Artois et de Douai, qui la limitent à vingt ans, comme celle de toute autre action réelle. Les chartes générales de Hainaut (art. 15, ch. 107) s'éloignaient plus encore du droit commun : pour les majeurs, la pétition d'hérédité se prescrivait à dater de l'ouverture de la succession par douze ans ; pour les mineurs, par le même laps de temps, mais à compter de la majorité ; enfin, ce qui est fort remarquable, la prescription ne courait pas contre les absents, qui avaient, pour agir, un délai de six ans à partir de leur retour.

PARTIE DEUXIÈME

NATURE ET CONDITIONS D'EXISTENCE DE LA PÉTITION D'HÉRÉDITÉ.

Section première

Définition et Nature de la Pétition d'hérédité.

§ 1. — Définition.

Comme en droit romain, la pétition d'hérédité doit être définie l'action par laquelle une personne fait reconnaître que telle succession s'est ouverte à son profit contre le détenteur de l'hérédité, ou seulement d'objets héréditaires, qui soutient avoir droit à la même succession. La cause d'acquisition que le demandeur allègue est la succession (art. 711); le revendiquant a, au contraire, à prouver une cause d'acquisition à titre singu-

lier. (1014, 1583, 938.) C'est surtout en ce que le détenteur actionné nie la qualité d'héritier du demandeur
que la pétition d'hérédité s'écarte de l'action en partage : le but de cette action est de faire cesser l'indivision entre cohéritiers ; or, dans la pétition d'hérédité,
le défendeur nie que cette indivision existe ; et souvent
le demandeur lui-même ne reconnaît pas le droit de
son adversaire pour une partie sur les choses qu'il détient. J'aurai plusieurs fois occasion de revenir sur
cette distinction de la pétition d'hérédité et de la revendication ou de l'action en partage ; je n'y insiste pas
davantage quant à présent.

Suivant que le demandeur se prétend héritier pour
le tout ou seulement pour une part aliquote, la pétition
d'hérédité est universelle ou à titre universel ; ce n'est
donc pas, plus qu'en droit romain, à l'étendue de la
possession du défendeur qu'il faut se référer pour qua-
lifier l'action. Elle est totale ou universelle lors même
que le demandeur ne réclamerait qu'une seule chose,
s'il ne reconnaît pas le droit de son adversaire à une
partie de cette chose ; la réciproque est vraie : fût-elle
dirigée contre le possesseur de toute l'hérédité, l'action
n'est qu'à titre universel si le demandeur n'invoque la
qualité d'héritier que pour une quote part. L'intérêt de
cette distinction a disparu en grande partie : le demandeur pourrait, sans courir aucun risque, exagérer sa
prétention ; elle serait réduite s'il ne parvenait pas à la
justifier entièrement (art. 1315), mais il ne serait pas
déchu lors même qu'il aurait dû ou pu savoir que son
droit était moindre : on se rappelle, au contraire, les
dispositions rigoureuses du droit romain sur la *plus*

petitio, et le soin que le demandeur devait apporter à mesurer exactement ses prétentions. En droit français, il n'importe de savoir si la pétition est partielle qu'au point de vue des restitutions : le possesseur doit seulement restituer, au défendeur qui obtient gain de cause, la portion d'hérédité indivise que celui-ci prouve lui appartenir. Faut-il décider de même si le possesseur est un usurpateur qui s'est mis sans droit en possession des biens de l'hérédité? Je discuterai cette question à propos des restitutions. — J'ajoute que, dans une opinion au moins, il y a encore intérêt à cette distinction au point de vue de la compétence.

§ 2. — Nature de la Pétition d'hérédité.

La nature de l'action en pétition d'hérédité a été de tout temps controversée; en droit romain la question porte principalement sur l'interprétation d'un texte obscur, la loi 7, C., — 3, 31. Bien qu'elle soit en droit français dégagée de toute difficulté de ce genre, puisque les rédacteurs du Code n'ont nulle part donné les caractères de l'action, la controverse n'est pas moins vive. La pétition d'hérédité est-elle une action réelle ou une action mixte? Pour soutenir qu'elle est mixte, on dit qu'il faut distinguer dans cette action, à côté d'une partie réelle, une partie personnelle : l'action est réelle par rapport aux choses sur lesquelles le défunt avait un droit acquis au moment de sa mort, car, en vertu de l'article 711, il y a eu transmission immédiate à son héritier; mais celui-ci, en concluant accessoirement aux choses qui ont augmenté l'hérédité depuis son ouverture, à la restitution des fruits, à des dommages-intérêts, toutes prestations qui n'ont pu être transmises de la même manière, imprime dès lors à son action un caractère de personnalité, qui, joint à l'élément réel, fait de l'action en pétition d'hérédité une véritable action mixte. Il suffirait donc de la juxtaposition d'une action personnelle ayant pour objet un accessoire de l'action réelle principale pour modifier la nature de celle-ci : c'est l'avis de M. Merlin, de Favard de Langlade (*Rép.*, v° *Action*), et de quelques interprètes plus récents. On invoque à l'appui de cette opinion un document qui, en l'absence de dispositions législatives, doit avoir une grande autorité, les articles 19 et 20 des observations préliminaires de la Cour de cassation sur le projet de Code de procédure civile. — Je crois qu'il est complétement faux de considérer la pétition d'hérédité comme une action mixte, et que le raisonnement qu'on fait pour lui attribuer ce caractère est basé sur une erreur manifeste : on ne doit entendre par actions mixtes, dans le sens de l'article 59 du Code de pr., que celles qui ont pour fondement tout à la fois un droit personnel et un droit réel, ainsi l'action en partage d'une hérédité (voir cependant Carré, *Pr.*, t. 1, p. 134), ou qui, à propos de l'existence du droit personnel, ont pour effet virtuel de résoudre la question d'existence du droit réel : mais une action n'est pas mixte par cela seul que la demande principale qui est réelle est accompagnée d'une demande accessoire personnelle. Si parce qu'une demande réelle se complique de conclusions auxiliaires personnelles, elle devenait mixte, la conséquence serait qu'il n'existerait pas une

seule action réelle : la revendication, l'action réelle par
excellence, deviendrait aussitôt une action mixte, car
le demandeur y conclut à la restitution des fruits, au
moins à partir du jour où il l'a intentée; ce serait une
singulière interprétation que celle qui, pour expliquer
les mots « actions mixtes » du quatrième alinéa de
l'article 59 pr. civ., conduirait à rayer le troisième
alinéa de ce même article. Cette dernière observation
montre que les rédacteurs du Code de procédure civile
ont implicitement repoussé, comme en plusieurs autres
points d'ailleurs, le contre-projet de la Cour de cassation, qui, en tout état de cause, ne peut avoir qu'une
autorité doctrinale. L'intérêt de cette discussion sur la
nature de la pétition d'hérédité se manifestera lorsque
je parlerai des règles de compétence, mais il y aura
peut-être à faire une distinction, à cause du sixième
alinéa de l'article 59 du Code de procédure.

La pétition d'hérédité est une action pétitoire; une
action possessoire ayant le même but ne peut se concevoir. Sans doute, celui qui se prétend héritier, en invoquant la saisine et la possession de son auteur, pourrait être dans les conditions qu'exige l'article 23 du
Code de procédure pour l'exercice de l'action en complainte : il est, en effet, de ceux qui « sont en possession par eux ou les leurs à titre non précaire » ; mais
ceci n'est vrai qu'autant que la saisine du demandeur
n'est pas contestée. Or, le défendeur à la pétition d'hérédité soutient que le demandeur n'est pas héritier, ou
soutient qu'il est lui-même héritier; il a donc pour lui,
à titre égal, l'avantage de la possession de fait; on doit
la lui laisser tant que le demandeur n'aura pas, au pé-

titoire, prouvé sa qualité d'héritier : autrement, on violerait l'article 24 Code de pr. « Si la possession est déniée, l'enquête qui sera ordonnée ne pourra porter sur le fond du droit. » Bourjon (*Droit comm.*, t. II, ch. de la Compl., sect. III) nous montre que c'était déjà la doctrine qui prévalait depuis l'ordonnance de 1667 : « L'héritier n'a pas l'action en complainte contre » son cohéritier ; il n'a contre lui que l'action en par- » tage ou celle en pétition d'hérédité si sa qualité d'hé- » ritier est contestée ; actions fort différentes de la com- » plainte. Cependant, s'il avait agi dans l'an, il faudrait » un séquestre, à moins que le droit de l'autre ne fût » si évident qu'on lui eût accordé la possession provi- » soire. » On voit, dans cette restriction, le dernier vestige de l'ancienne action en complainte héréditaire.

Notre ancien droit, qui repoussait en principe la complainte lorsque la qualité d'héritier était contestée, l'admettait surtout en ce cas pour les successions en-tièrement mobilières. (Ord. de 1667, tit. 18, art. 1ᵉʳ.) Bourjon, dont l'autorité est grande dans les questions qui tiennent à la pratique, s'explique à ce sujet en ces termes : « Quoique la complainte n'ait pas lieu pour les meubles, cependant elle a lieu pour une universalité de meubles, comme en matière de succession mobilière, parce qu'une telle universalité semble représenter une espèce d'immobilier. Mais dans quels cas appliquera-t-on cette maxime attestée par tous les commentateurs? Il paraît qu'elle ne peut s'appliquer que lorsqu'une succession est contestée entre plusieurs. » (*Droit com.*, t. 2, liv. 6, sect. III.) Laurière, sur l'article 97 de la Coutume de Paris, pense de même. Cette action posses-

soire pour universalité de meubles est-elle encore recevable aujourd'hui ? Les interprètes sont à ce sujet
très-divisés ; parmi les partisans de l'affirmative, un
seul (M. Boitard, t. I, p. 621) indique l'intérêt de la
question : cet intérêt, moins fréquent sous le Code que
dans l'ancien droit, car on y distinguait plusieurs cas où
les meubles étaient dévolus à une classe d'héritiers, se
présenterait dans le seul cas où le légataire des meubles
serait troublé dans sa possession par le légataire des
immeubles. Il s'agirait d'une véritable action en complainte pour trouble de possession réelle. M. Boitard,
qui, à l'appui de sa thèse invoque la tradition, ne paraît pas avoir connu le passage de Bourjon que je citais :
« Il paraît que cette complainte ne peut s'appliquer que
lorsqu'une succession est contestée entre plusieurs. »
Le légataire des meubles étant un légataire à titre
universel n'est pas saisi ; il ne peut donc pas être question pour lui de la complainte héréditaire avant prise
de possession effective. Qu'il puisse ensuite l'intenter,
c'est une autre question dont l'examen m'entraînerait
en dehors de mon sujet. La question de la complainte
pour universalité de meubles ne peut alors se présenter que dans l'hypothèse d'une succession purement
mobilière : l'héritier peut-il en ce cas agir au possessoire
pour obtenir la restitution des choses héréditaires ? Je
ne le crois pas si son adversaire lui conteste la qualité
d'héritier. Je reproduis l'argument tiré de l'article 24
du Code de procédure ; j'invoque aussi l'exposé des motifs de l'article 2279, où Bigot-Préameneu, après avoir
rappelé qu'on n'a point admis, à l'égard des meubles,
une action possessoire distincte de la pétitoire, ajoute :

« S'il s'agissait d'une universalité de meubles telle
» qu'elle échoit à un héritier, le titre universel se con-
» serve par les actions qui lui sont propres, » c'est-à-
dire par la pétition d'hérédité. Enfin, pour les meubles
comme pour les immeubles, la défense du possesseur
de fait me paraît entièrement fondée : Vous invoquez,
dit-il au demandeur, à raison de la saisine, la possession de votre auteur ; or, je nie que vous soyez héritier,
ou bien c'est moi qui suis saisi. Le demandeur n'est-il
pas nécessairement en demeure de faire la preuve qu'il
est héritier ? On fait valoir, en sens contraire, la géné-
ralité des termes de la loi du 26 octobre 1790 sur la
juridiction et la procédure des justices de paix, le silence
de l'article 6 de la loi de 1838, et l'on conclut que la
portée des actions possessoires a été plutôt étendue que
restreinte : ces raisons ne peuvent, ce semble, prévaloir
sur l'impossibilité d'appliquer l'action possessoire dans
le seul cas où l'ancien droit l'admettait et sur la pensée
du législateur dans l'article 24 C. de Pr.

Section II

Conditions d'existence de la Pétition d'hérédité.

§ 1er. — Par quelles personnes peut être intentée la pétition d'hérédité.

L'action en pétition d'hérédité compète d'abord à
l'héritier le plus proche qui, incontestablement, est
saisi. Si ce successible le plus proche est absent au
moment de l'ouverture de la succession, l'hérédité est,
aux termes de l'art. 136, exclusivement dévolue à ceux
avec lesquels l'absent aurait eu droit de concourir, ou à
ceux qui seraient venus après lui : ces successibles

présents peuvent exercer tous les droits compris dans
la succession et intenter toutes les actions, notamment
la pétition d'hérédité, si les biens héréditaires étaient
détenus par des personnes qui contestent leur qualité.
Il faut même remarquer que, dans cette hypothèse, bien
que l'art. 137 réserve à l'absent l'action en pétition
d'hérédité, aucune mesure n'est prise pour lui assurer
la restitution des biens délivrés aux successibles présents. Ceci pourrait sembler une lacune étrange (tandis
que les envoyés en possession provisoire, art. 123 et
129, doivent donner caution), si l'on ne remarquait que
les précautions, prises à l'égard des envoyés en possession, ont pour objet la conservation du patrimoine de
l'absent, au lieu que son action en pétition d'hérédité
a pour but l'acquisition de nouveaux biens : on conçoit
que la loi ait été plus protectrice pour conserver que
pour acquérir à l'absent.

L'absence peut produire une action en pétition d'hérédité dans des circonstances toutes différentes : l'absent, au lieu d'être demandeur à l'action, peut être en
quelque sorte le *de cujus* : après la déclaration d'absence, il y a eu envoi en possession provisoire. Plus
tard, d'autres personnes prouvent qu'elles étaient à
l'époque de la disparition, ou plus proches parentes que
les envoyés en possession, ou par des nouvelles posté-
rieures à la disparition, elles reculent l'époque de l'ouverture présumée de la succession, et font valoir leurs
droits, qui, à cette nouvelle date, priment ceux des envoyés en possession : dans toutes ces hypothèses, la
pétition d'hérédité qui n'est pas fondée sur le décès
prouvé de l'absent est ce qu'on peut appeler la *pétition*

d'hérédité utile du droit français. Cette pétition d'hérédité sera renouvelée sans difficulté, pendant l'envoi provisoire, autant de fois que l'époque du décès présumé de l'absent changera. Elle pourra même, en faveur des enfants de l'absent et en vertu de l'art. 133, être exercée dans les trente ans à dater de l'envoi en possession définitif. Peut-elle l'être également, pendant l'envoi définitif, au profit d'autres héritiers que des enfants de l'absent? L'objection serait que cet envoi a lieu après un laps de temps tel que toute action est prescrite (art. 2262); mais la question se présente, soit au cas de suspension de prescription, soit lorsque l'envoi provisoire a duré moins de trente ans, parce qu'avant l'expiration des trente ans, il s'était écoulé plus de cent ans depuis la naissance de l'absent : on ne voit alors aucune raison pour refuser aux héritiers les plus proches, lors de la disparition ou des dernières nouvelles, l'action en pétition d'hérédité, sans pour cela lui donner la durée privilégiée de l'action des enfants (art. 133) ; les travaux préparatoires sont décisifs en ce sens. (Fenet, t. VIII, p. 363.) A *fortiori* en serait-il ainsi au cas de pétition d'hérédité directe, c'est-à-dire la date du décès de l'absent étant connue. Les héritiers des héritiers de l'absent auraient les mêmes droits, la pétition d'hérédité leur étant transmise dans la succession de l'héritier de l'absent. Mais ces droits n'appartiendraient pas aux petits-enfants de l'absent, conçus après la disparition, s'ils ne pouvaient venir autrement à sa succession que de leur chef ou par représentation de leur père prédécédé lors de la disparition (Caen, 21 août 1863). Voilà pour cette pétition d'hérédité utile : un troisième aspect de la pétition d'hérédité, que fournit l'absence, est l'action de l'absent de retour contre les envoyés en possession provisoire : cette action est régie par des règles particulières qui se rattachent trop directement à la matière de l'absence pour que j'aie à m'en occuper. Je fais seulement remarquer que l'absent de retour peut aussi agir contre les envoyés en possession définitive (art. 132).

Le second fait qui, ordinairement, donne ensuite naissance à une action en pétition d'hérédité, est l'inaction de l'héritier le plus proche. Cette situation présente plus d'une difficulté : le successible plus éloigné peut craindre que les biens ne se détériorent, que les débiteurs de la succession ne deviennent insolvables, s'il n'entre pas immédiatement en possession des biens héréditaires. Il a grand intérêt à prendre possession, car l'opinion presque unanime des auteurs (voir Blondeau, *Sép. des Patr.*, p. 654) est que tant que l'héritier du premier degré n'a pas pris parti, le successible du degré subséquent n'a aucune action pour le forcer à opter entre l'acceptation et la renonciation (*Arg.*, art. 789). Le plus souvent, le successible du second degré sera donc en possession, sauf à restituer à qui de droit sur la pétition d'hérédité. Ce successible aura lui-même une action en délaissement qui se rapproche beaucoup de la pétition d'hérédité contre les tiers qui détiennent des biens héréditaires sans cause légitime : ils ne pourront se défendre en lui contestant sa qualité d'héritier ; car la qualité de parent du défunt forme un titre supérieur à la présomption de propriété qu'engendre la possession en faveur des tiers qui, d'ailleurs, ne seraient pas recevables à exciper du droit dont l'héritier du premier

11

degré n'use pas. C'est en ce sens qu'on peut dire qu'il y a, au profit de tous les parents au degré successible, une saisine collective à l'égard des tiers ; rien ne prouve que les rédacteurs du Code aient voulu abandonner, à cet égard, la tradition constante de notre ancien droit, à laquelle je me suis attaché à démontrer que l'art. 318 de la Coutume de Paris n'était pas opposé. L'art. 724, bien au contraire, décide que « les héritiers légitimes sont saisis de plein droit (1)... » Partant de cette idée qu'à l'égard des tiers le droit de tout successible est égal, que l'ordre établi par la loi entre les héritiers ne concerne que les rapports des successibles entre eux, je dirai qu'en principe, tous ceux qui ont la qualité d'héritiers légitimes peuvent intenter la pétition d'hérédité ; qu'il en est de même de ceux que la loi qualifie successeurs iréguliers aussitôt qu'ils ont obtenu l'envoi en possession par justice ; il est certain que la transmission s'est réalisée pour eux avant cet envoi (art. 711); mais jusque-là, n'étant pas saisis, ils ne peuvent exercer une action qui tendrait à leur faire tenir la possession. J'indique seulement, sans insister sur les conséquences, que cet envoi en possession doit avoir, à mon avis, un effet

---

(1) M. Demolombe, t. XIII, p. 215, a protesté contre cette théorie et contre ses conséquences; droit de se mettre en possession pour tout successible, d'agir en pétition d'hérédité contre les tiers. Le principal argument qu'il tire de la tradition n'est nullement fondé; quant à l'objection que c'est au demandeur à prouver l'existence de son droit, elle ne porte pas, ou plutôt c'est une pure pétition de principe. Il n'y a pas non plus à dire que le successible plus éloigné exercerait les droits sans être soumis aux charges : du moment qu'il se comporte comme héritier, il se soumet aux charges qui dérivent de cette qualité. Enfin, n'y a-t-il pas contradiction de la part de M. Demolombe, s'il considère le successible comme entièrement étranger à la succession, à lui permettre de faire des actes conservatoires : dans son opinion, l'espérance fondée sur la renonciation de l'héritier plus proche ne peut être assimilée à un droit conditionnel.

rétroactif, et que la seule différence après l'envoi, entre le successeur irrégulier et l'héritier légitime, est quant à l'étendue de l'obligation aux dettes. L'héritier immédiat de l'héritier aura, je l'ai déjà dit, la pétition d'hérédité, il en sera de même des cessionnaires du droit héréditaire ; ce droit, après l'ouverture de la succession, pouvant, comme tout autre, être l'objet d'un contrat, sauf que, si le droit à l'hérédité était litigieux, le défendeur exercerait le retrait contre le cessionnaire demandeur.

Voilà pour les personnes qui sont demanderesses à la pétition d'hérédité en vertu des dispositions de la loi et pour leurs ayants cause ; la volonté de l'homme peut aussi conférer des droits qui soient garantis par la pétition d'hérédité : tels sont ceux des légataires universels, des légataires à titre universel, des héritiers contractuels, des appelés à une substitution à titre universel. Le légataire universel est saisi de plein droit, sans être obligé de demander la délivrance (art. 1006), lorsqu'au décès du testateur il n'existe pas d'héritier réservataire. Il intentera donc *de plano* la pétition d'hérédité contre les possesseurs parents du défunt ou tiers quelconques. Si, au contraire, il y a des héritiers réservataires, le légataire universel est tenu, en vertu de l'art. 1004, de leur demander la délivrance des biens disponibles : la pétition d'hérédité fera reconnaître son droit à ces biens si sa qualité était contestée par les héritiers réservataires, ou la validité du testament. Je pense que dès le moment de la délivrance des biens en la possession des réservataires, le légataire universel pourra agir contre les tiers en pétition d'hérédité, sauf le droit de réserve de l'héritier légitime ; il ne sera pas forcé, pour obtenir restitution, de provoquer l'action de l'héritier réservataire contre les tiers. Je fais sortir ce droit du légataire universel de son caractère de continuateur de la personne du défunt. Les auteurs qui le lui contestent devraient, il me semble, lui refuser l'action en pétition d'hérédité contre les tiers même après la délivrance ; il n'y aurait pas à leur objecter que le successeur irrégulier a l'action en pétition d'hérédité, car il ne l'a qu'après envoi en possession par justice, ce qui équivaut à la saisine. Les légataires à titre universel doivent toujours demander la délivrance, soit aux héritiers ab intestat, soit aux légataires universels, soit enfin aux successeurs irréguliers eux-mêmes : ils ne sont donc pas à considérer comme représentant le défunt ; ce n'est pas qu'ils n'aient point la saisine, mais ils ne peuvent avoir une qualité que ceux qui sont admis à leur faire délivrance n'ont pas eux-mêmes. J'en conclus qu'ils devront toujours s'adresser aux héritiers pour qu'ils forcent les possesseurs d'objets héréditaires à les leur restituer. Les institués contractuellement (art. 1082) seront assimilés, tantôt aux légataires universels, tantôt aux légataires à titre universel. Je fais observer qu'une demande en délivrance est obligatoire de la part des légataires ou institués contractuellement à titre universel, quand même les divers legs ou donations universels absorberaient toute la succession.

Ce que j'ai dit du droit qui appartient au successible, quel que soit son degré, d'intenter contre les tiers la pétition d'hérédité, doit être étendu à celui des légataires universels qui agit avant que ceux dont le concours limitera peut-être son legs aient encore pris parti. Le possesseur assigné ne pourra arguer du silence gardé par les autres légataires. Il en serait de même d'un héritier ab intestat pour une part seulement : la saisine n'est pas restreinte à la portion héréditaire avant que l'acceptation des cohéritiers ait opéré cette limitation.

Le demandeur à la pétition d'hérédité doit établir qu'il est successible, c'est-à-dire qu'il a telle qualité qui lui donne droit à la succession et qu'il a survécu au *de cujus*; s'il est héritier de l'héritier, il doit prouver que l'existence de son auteur était certaine lors du décès de celui dont il réclame les biens (art. 136, C. civ.). On s'est alors demandé si l'absent pouvait être représenté par ses descendants dans les successions qui s'ouvrent depuis sa disparition, et on a prétendu que les enfants de l'absent ne pourraient exercer la pétitition d'hérédité ni au nom de leur père, parce qu'on ne peut pas se porter héritier pour un autre, ni en leur propre nom et comme venant par droit de représentation, parce que la mort de leur père n'est pas prouvée, et qu'on ne peut représenter une personne qu'autant qu'elle est décédée. (*Arg.*, art. 136 et 744.) Cette solution doit être rejetée : « L'esprit de la loi est que les biens de la succession que l'absent a pu recueillir soient distribués comme ils l'auraient été si l'absent était mort avant l'ouverture de cette succession. Par conséquent, la représentation doit être admise au profit des descendants de l'absent. » (M. Valette sur Proud., t. I, p. 354.) L'art. 136 ne dit pas autre chose : la succession sera dévolue à ceux qui l'auraient recueillie à défaut de l'absent, c'est-à-dire s'il était mort. Il n'y a pas à objecter que le parent présent a un droit certain qu'une simple présomption ne doit pas avoir la puissance d'anéantir, car le droit du parent présent n'est certain que pour la part qu'il aurait eue si l'absent eût été présent ; pour le surplus, son droit n'apparaît qu'en supposant une renonciation de l'absent ; or, les renonciations ne se présument pas (art. 784).

§ 2. — Contre qui peut être intentée la pétition d'hérédité.

Pour que la pétition d'hérédité procède contre le défendeur, il faut qu'il possède l'hérédité ou au moins une chose ou un droit dépendant de la succession réclamée ; qu'en second lieu, il se prétende héritier ou qu'il nie que le demandeur soit héritier, sans méconnaître le droit qu'il fait valoir comme ayant appartenu au défunt. Le demandeur ne triompherait pas, au moyen de la pétition d'hérédité, même contre le possesseur de mauvaise foi qui n'alléguerait aucune juste cause de possession si ce possesseur ne contestait pas la qualité d'héritier : la pétition d'hérédité ne serait donc pas donnée comme en droit romain contre le possesseur *pro possessore*. Pothier, n° 370, *Tr. du Dom. de Prop.*, bien qu'il reproduise les textes du droit romain, paraît adopter cette opinion : « Si le possesseur ne disputait « pas au demandeur sa qualité d'héritier, mais soutenait « que les choses dont le demandeur lui demande la « restitution en qualité d'héritier d'un tel n'appartenaient « pas au défunt, en ce cas la contestation n'étant pas « sur la propriété de la succession, mais sur la propriété « des choses particulières, il n'y aurait pas lieu à la pé-

« tition d'hérédité, mais à l'action en revendication ; »
or, le possesseur *pro possessore* qui se borne à dire :
« Je possède parce que je possède, » ne s'attaque jamais
au titre du demandeur, mais il entraîne le débat sur le
terrain de la revendication : « Je possède, peu importent
« les causes de ma possession. Vous voulez m'évincer
« de cette possession, pourquoi? parce que vous êtes
« héritier? mais votre auteur eût été obligé de prouver
« sa propriété ; faites la même preuve. » — Cette défense n'est pas contestable ; cependant M. Merlin et
plusieurs autres auteurs affirment, sans donner aucune
raison à l'appui, que la pétition d'hérédité peut être intentée contre celui « qui ne rend compte d'aucun titre
par lequel on soit fondé à se dire héritier. » C'est, je
crois, une erreur : la pétition d'hérédité ne doit être
donnée contre l'usurpateur qu'autant qu'il ne conteste
pas le droit de l'auteur de l'héritier, mais seulement la
qualité de celui-ci.

La pétition d'hérédité peut, comme en droit romain,
être intentée contre les possesseurs de choses héréditaires, et aussi contre tous ceux à qui il est parvenu
quelque chose de l'hérédité ; par exemple, contre celui
qui a reçu des payements d'un débiteur de la succession
et qui dispute au demandeur la qualité d'héritier pour
se dispenser de lui rendre compte. Elle compète aussi
contre le débiteur de la succession lorsqu'il prétend être
libéré par confusion parce que la succession lui appartient : il est, pour ainsi dire, en possession de la créance
que le défunt avait contre lui. Que s'il refuse de payer
au demandeur, uniquement parce qu'il n'est pas certain
que ce demandeur soit héritier, il y aura lieu seulement

à l'action qui est née de la créance du défunt ; l'héritier, sur cette action, fournira la preuve de la transmission qui s'est opérée à son profit. C'est la décision du droit romain ; je crois que l'action en pétition d'hérédité réapparaîtrait si le débiteur, sans se prétendre héritier, contestait formellement que le demandeur fût héritier ; il y a intérêt à le remarquer, quant à la durée de l'action, dans le cas où le demandeur est l'héritier du prétendu héritier qui avait à établir son titre par une réclamation d'état (art. 329). Peut encore, sans aucune contestation, être défendeur à la pétition d'hérédité l'acquéreur de droits successifs, sans qu'il puisse exciper ni de sa bonne foi ni de celle de son vendeur qui se croyait héritier. Comme possesseur à titre universel, il succède à l'obligation de restituer qui pesait sur son auteur : c'est ce qui résulte, d'ailleurs, de l'article 1696 (1). Cet acquéreur assignera en garantie son cédant, qui est garant de sa qualité d'héritier. Il en serait autrement si le prétendu héritier avait cédé seulement ses préventions à telle succession : le cessionnaire ne pourrait actionner son cédant en garantie ni exercer contre lui, après éviction, aucun recours. L'acquéreur de droits successifs d'un possesseur de mauvaise foi aurait droit, comme ce possesseur, de repousser la pétition d'hérédité et de forcer le demandeur à faire la preuve de la propriété de son auteur.

Lorsque le demandeur se trouve ainsi en présence d'un usurpateur, ou, plus exactement, d'une personne

____

(1) Sir. 43, 2, 281 ; — 33, 1, 737 ; — 34, 2, 443. C'était un point de droit certain sous l'ancienne jurisprudence : Poullain-Duparc, *Principes*, t. 8, p. 81 et 82.

qui ne se prétend pas successible, j'ai déjà dit qu'il n'est pas astreint à prouver qu'il n'existe pas de parent plus proche que lui ; que même le tiers possesseur ne peut se soustraire à l'obligation de restituer les choses héréditaires en alléguant l'existence de successibles préférables au demandeur. Il est encore à peu près incontesté que l'héritier ab intestat n'a pas à justifier qu'un testament n'a pas été fait ; le droit de l'héritier légitime est suffisamment établi dès qu'il a prouvé sa qualité de parent : c'est au possesseur à produire le testament qui lui donne droit de conserver les biens héréditaires.

La question de preuve doit être décidée tout autrement quand le successible a pour adversaire un autre successible : il est évident qu'il ne peut alors évincer le possesseur qu'en prouvant qu'il est appelé à un degré plus proche ou au moins égal. Cette application de la pétition d'hérédité mérite aussi l'attention à d'autres points de vue que celui de la preuve (1). Sans anticiper sur la grave question de la validité des actes faits par l'héritier apparent qui, d'après plusieurs auteurs, tient à la qualité de successible du possesseur, il y a utilité à préciser les conditions de la demande en pétition d'hérédité intentée contre un successible lorsqu'il est d'un degré égal à cause de la grande analogie qu'elle présente, en ce cas, avec l'action en partage ; les règles des deux actions sont néanmoins fort différentes, notamment au point de vue de la prescription : la pétition d'hérédité est prescriptible, tandis que l'action en par-

_____

(1) Voir le paragraphe sur la compétence.

tage ne l'est pas tant que dure l'indivision. Si un co-héritier s'est emparé de la totalité des biens de la succession soit comme seul héritier, soit comme créancier, l'action qui compète à son cohéritier est l'action en pétition d'hérédité et non pas l'action en partage, lors même que ce cohéritier pourrait opposer au possesseur la reconnaissance ancienne qu'il a faite de sa qualité d'héritier ou un jugement ordonnant le partage de la succession, si cet aveu ou ce jugement ont été suivis d'une possession exclusive suffisante pour prescrire (art. 2229 et 2238; — Sir. 32, 1, 67). Dans cette espèce, où c'est le fait de l'indivision qui est contesté, et la qualité d'héritier du demandeur reconnue, on pourrait dire, en s'appuyant sur l'article 816, que l'action en partage elle-même est prescrite : ce ne serait pas exact. Par son essence même, l'action en partage est imprescriptible (art. 815) et suppose avoué l'état d'indivision, sinon l'action en partage est subordonnée à une contestation préalable destinée à établir l'indivision; l'indivision supposant la qualité d'héritier de chaque communiste, il faut qu'on soit encore à temps pour la produire, c'est-à-dire à temps pour exercer l'action en pétition d'hérédité. Si la prescription de cette action est accomplie, l'action en partage n'est pas prescrite, mais ne peut procéder faute de cause. Dans l'hypothèse inverse, si l'indivision étant dès lors constante et l'un des communistes contestant à l'autre sa qualité d'héritier, lorsque, par exemple, il est assigné en partage par ce communiste, ce sera une véritable pétition d'hérédité, préjudicielle à l'action en partage, pétition d'hérédité qui sera non recevable si l'indivision a eu

une durée suffisante pour que cette action soit prescrite
L'action en partage ne se conçoit donc que si ces deux
conditions sont réunies : 1° reconnaissance par le défendeur du fait de l'indivision ; 2° reconnaissance également du titre du cohéritier. Du passage suivant de
Pothier, on peut conclure que c'était bien la doctrine
de notre ancien droit : « Dans nos usages, un héritier
« pour partie débute ordinairement par donner la de-
« mande à fin de partage contre les autres héritiers qui
« se sont emparés des effets de la succession. Mais si
« les héritiers assignés sur cette demande disputent au
« demandeur la part qu'il prétend dans la succession
« dont il demande le partage, le demandeur, en soute-
« nant contre les défendeurs que la part qui lui est dis-
« putée lui appartient, *est censé intenter contre eux la*
« *pétition d'hérédité pour cette part*, et cette pétition
« doit être instruite et jugée préalablement à la demande
« à fin de partage. » — Lorsque le possesseur de l'hérédité est un successible ab intestat et le demandeur un
héritier testamentaire, ou dans l'hypothèse inverse,
plusieurs questions se présentent, les unes quant à la
preuve, les autres quant à la recevabilité de l'action.
On sait que quand le débat s'élevait entre deux successibles ab intestat, le demandeur devait prouver son
degré de parenté avec le défunt pour justifier qu'il est
en degré plus proche que le défendeur : il y a alors
une pure question de généalogie sur laquelle je n'ai pas
à m'expliquer, elle doit être réglée d'après les dispositions de la loi sur la preuve du mariage et de la filiation ;
je fais seulement remarquer que le demandeur peut
obliger le possesseur à représenter les titres qui servi-

raient à établir son droit. Ce n'est plus une question de généalogie, mais une question de validité de testament, quand le demandeur, ou le possesseur, est un héritier testamentaire. Si c'est le demandeur qui a cette qualité, une distinction doit être faite, suivant qu'il produit un testament par acte public ou mystique, ou un testament olographe ; dans le premier cas, si l'acte est régulier en la forme, la preuve du demandeur est toute faite : ce serait au défendeur qui contesterait l'authenticité du testament à s'inscrire en faux ; cette inscription de faux incident civil devrait être instruite avant de statuer sur la pétition d'hérédité. Le testament olographe, au contraire, n'étant en réalité qu'un acte sous seing privé, le défendeur, à qui on l'oppose, peut se contenter de dire qu'il ne reconnaît pas dans ce testament l'écriture et la signature de son auteur ; la preuve de la sincérité de l'acte doit être faite par le demandeur dans les formes prescrites par le Code de procédure pour la vérification d'écritures. Si le possesseur, contre qui le demandeur réclame l'hérédité ab intestat, se prétend héritier testamentaire, il doit produire le testament qui l'institue, et la question de preuve est réglée comme ci-dessus. Le demandeur, héritier ab intestat, a pu recevoir un legs du possesseur héritier testamentaire ; on doit donner les mêmes solutions qu'en droit romain sur le point de savoir si l'acceptation de ce legs doit être une fin de non-recevoir contre sa pétition d'hérédité ; mais il faut décider que, s'il est débouté de sa demande, bien que sa mauvaise foi soit prouvée, le demandeur ne devra pas perdre son legs : il répondra de sa mauvaise foi en indemnisant le possesseur du dommage que sa demande a pu lui causer, et ce sera au possesseur à faire la preuve de ce dommage (art. 1382 et 1383. — Voir cependant Pothier, n° 385).

La pétition d'hérédité peut-elle être donnée, comme en droit romain, contre ceux qui ont cessé de posséder par dol ou qui, par dol, se sont offerts au procès? Pothier pense que, dans ces deux cas, la pétition d'hérédité pourrait être intentée ; il excepte, comme la loi romaine, le cas où le demandeur avait lui-même connaissance que la partie assignée ne possédait rien ou n'était qu'un contradicteur apparent. Je ne crois pas que cette solution doive être acceptée, ses conséquences du moins seraient inadmissibles. Que le demandeur puisse se faire tenir compte du dommage qu'il éprouve par suite de la procédure frustratoire qu'a provoquée le non-possesseur, ou par suite des difficultés que le délaissement dolosif de l'ex-possesseur peut apporter à la poursuite des choses héréditaires, rien de plus certain : ce n'est que l'application de la règle générale des articles 1382 et 1383; il pourrait même, en démontrant que la revendication n'est plus possible, obtenir la valeur de la chose qu'on a par dol soustraite à sa pétition d'hérédité, et conclure, en outre, à des dommages-intérêts. Mais s'il ne prouve pas qu'il n'a plus la revendication, il ne pourrait se faire payer, par le non-possesseur, la valeur de la chose héréditaire, puis exercer sa pétition d'hérédité contre le véritable possesseur. Ce sera donc lui que l'héritier devra poursuivre avant de pouvoir réclamer de l'auteur du dol d'autre indemnité que celle due à raison du préjudice déjà causé.

PARTIE TROISIÈME

DE L'INSTANCE EN PÉTITION D'HÉRÉDITÉ.

Section première

Compétence et Exceptions préjudicielles ou préalables.

§ 1. — Compétence.

La compétence varie suivant la nature des actions et l'objet de la demande. Aux termes de l'art. 59 du Code de procédure, le défendeur doit être assigné en matière réelle devant le tribunal de la situation de l'immeuble litigieux, en matière mixte devant le juge de la situation ou devant le juge du domicile du défendeur. A ne consulter que la nature de l'action, il faudrait donc répondre que la pétition d'hérédité doit être portée devant le tribunal de la situation des biens dont le demandeur réclame le délaissement ; mais en raison de l'intérêt des parties, une compétence exceptionnelle a été établie pour les demandes en matière de succession par le sixième alinéa de l'art. 59 du Code de procédure : « Les demandes entre héritiers jusqu'au partage inclusivement doivent être portées devant le tribunal du lieu où la succession est ouverte. » L'art. 822 du Code civil contient une disposition analogue : « L'action en partage et les contestations qui s'élèvent pendant le cours des opérations sont soumises au tribunal du lieu de l'ouverture de la succession. » En conséquence, l'art. 57 des Observations de la Cour de cassation sur le projet de Code de procédure, portait que la pétition

d'hérédité, ainsi que l'action en délivrance des legs, s'in-
tenterait au lieu du domicile du défunt ou de sa rési-
dence habituelle s'il était étranger. Cet article, n'ayant
pas été inséré à la suite du sixième alinéa de l'art. 59,
C. de pr., la question de compétence de la pétition
d'hérédité est controversée. Plusieurs hypothèses doivent être examinées successivement, car plusieurs distinctions ont été proposées :

1° La demande en pétition d'hérédité est partielle.
Il faut voir si elle est formée avant ou après le partage.
Si elle est formée avant tout partage par un cohéritier contre des cohéritiers qui prétendent l'exclure,
elle doit être portée devant le trbiunal d'ouverture de la
succession, en vertu du sixième alinéa de l'art. 59, C. de
pr. Il est impossible de le contester ; il s'agit bien, en
effet, d'une demande entre héritiers et avant le partage.
La pétition d'hérédité est-elle intentée après le partage,
par le copartageant qui prétend qu'un de ses coparta-
geants n'était pas successible, la question de compétence est plus douteuse, mais je crois que le tribunal du
domicile du défunt est encore compétent. En sens contraire, on a fait valoir que cette demande ne paraît pas
rentrer dans les termes de l'art. 822, C. civ. ; qu'elle
n'est pas antérieure au partage et qu'elle n'a pas pour
objet soit sa garantie, soit sa rescision. On peut contester cette dernière proposition : à l'égard du copartageant assigné, la demande tend bien à la rescision du
partage, puisque si elle réussit, il sera exclu ; de plus,
à l'égard des autres copartageant, il y aurait lieu à un
supplément de lot ; il est donc permis de dire qu'elle a
lieu avant le partage définitif. (Art. 59, Proc., 6°.)

2° La demande en pétition d'hérédité est totale : le tribunal de l'ouverture de la succession est-il encore compétent ? La question est très-délicate ; cependant, j'incline à dire qu'on n'est plus ni dans les termes ni dans l'esprit de l'art. 59 C. de pr. ; on n'est plus dans les termes de cet article, car il parle « de demandes entre héritiers, » et quelle que soit l'issue du procès, il n'y a qu'un héritier et un possesseur de l'hérédité ; on n'est pas davantage dans l'esprit de la loi : lorsqu'elle attribue compétence au tribunal de l'ouverture de la succession pour statuer sur les demandes entre héritiers, c'est pour l'avantage commun des cohéritiers qui continuent l'indivision au dernier domicile du défunt, ou y préparent les opérations du partage et de la liquidation ; c'est ce même avantage commun qui rend raison des 2° et 3° du 6° de l'art. 59 ; mais quand le demandeur agit contre celui qu'il prétend être étranger à la succession, quel serait le fondement de la compétence du tribunal de l'ouverture de la succession ? Il n'y a ni partage ni liquidation à préparer. On doit rentrer dans la règle générale, qui est celle du 3° ou du 4° de l'art. 59, C. de pr. C'est très-vraisemblablement l'opinion de M. Merlin, bien qu'il décide, sans distinction expresse, que le tribunal de l'ouverture de la succession est compétent sur l'action en pétition d'hérédité ; sinon, on concevrait difficilement qu'il agite la question de savoir si la pétition d'hérédité est réelle ou mixte. Cette question ne peut avoir d'intérêt que si l'on applique le 6° de l'art. 59 du Code de procédure qu'à la pétition d'hérédité partielle. Ce n'est pas, toutefois, l'avis de M. Carré (*Compét.*, t. I, p. 522.) Il fait valoir cette raison que l'action intentée par un prétendant droit à la succession contre un détenteur qui y prétend également droit, est une action entre deux personnes qui, jusqu'à la fin de la contestation, ont chacune pour soi une présomption égale de la qualité qu'elles s'attribuent. Cette raison est parfaitement fondée lorsque la pétition d'hérédité est partielle : on peut admettre sans invraisemblance que les deux adversaires ont droit à la succession, puisque le demandeur reconnaît le droit de son adversaire pour une partie ; mais il est impossible d'établir la même présomption lorsque la pétition d'hérédité est totale ; elle serait contraire à la nature même des choses. Reste à conclure : si le tribunal de l'ouverture de la succession n'est pas compétent, quel est celui qui sera compétent ? L'action étant réelle, on doit dire qu'à défaut de disposition expresse, elle sera portée devant le tribunal de la situation des choses réclamées ; toutefois, comme l'action est universelle, d'où il suit que le défendeur doit être condamné à restituer tout ce qu'il possède au moment de la sentence, quand même il n'aurait possédé une seule chose lors de la demande, l'héritier n'aura pas besoin de former autant d'actions spéciales que le possesseur détiendra de choses héréditaires. Pour les autres immeubles que celui situé dans le ressort du tribunal saisi et pour tous les meubles, qui d'ailleurs n'ont pas d'assiette fixe, une même sentence contraindra le possesseur à restitution. — Des auteurs graves ont soutenu que ce n'était ni le le tribunal de la situation du bien réclamé, ni celui de l'ouverture de la succession, qui était compétent pour la pétition d'hérédité totale ; ils attribuent compétence au tribunal du domicile du défendeur. Ces auteurs ne

partent pas de l'idée que l'action est mixte, ils disent
que l'action n'a pas précisément et directement pour
objet la revendication des biens composant l'hérédité, que cet objet est la contestation du titre et de la
qualité de celui qui les possède. C'est en ce sens que la
Cour de cassation a décidé que l'action en pétition d'hérédité intentée par un collatéral contre le légataire universel, en tant qu'elle se trouve subordonnée à l'action
en nullité ou en révocation du testament du défunt, est
une action purement personnelle dont le tribunal du domicile du défendeur peut seul être valablement saisi.
(Cass., 18 janv. 1820.) — Mais la question est, au contraire, purement réelle ; il s'agit de savoir en faveur de
qui s'est opérée la transmission par succession, art 711 :
le raisonnement de la Cour de cassation conduirait à envisager, dans presque tous les cas, la pétition d'hérédité
comme une action personnelle ; elle ne serait réelle
qu'autant que le conflit s'élèverait entre deux successibles ab intestat : le demandeur prétendant être appelé à
un rang préférable. (Cass., 24 déc. 1840.)

Enfin, quand la situation des biens et le lieu d'ouverture de la succession sont attributifs de compétence aux
tribunaux français, l'étranger, appelé à cette succession
seul ou en concours avec des parents français, peut former sa pétition d'hérédité devant nos tribunaux. (Cass.,
2 févr. 1832 et 15 avril 1861.)

§ 2. — Exceptions préjudicielles et préalables.

Lorsque le tribunal compétent est saisi de la demande
en pétition d'hérédité, le demandeur peut opposer cer-

taines exceptions qui la suspendent ou l'arrêtent définitivement. Ces exceptions doivent être distinguées en
préjudicielles et en préalables : les premières sont celles
qui seront jugées par suite d'une instruction séparée,
d'où dépendra le sort de l'action en pétition d'hérédité,
parce qu'elle serait sans objet si le défendeur triomphait
sur l'exception qu'il a soulevée : il en est ainsi de la
procédure en faux incident civil contre le testament au-
thentique produit par le demandeur ; à l'inverse, j'ai
déjà dit que la pétition d'hérédité était, quoique à un degré différent, préjudicielle à l'action en partage. J'a-
joute seulement, sur ces questions préjudicielles, que la
règle, le juge de l'action est le juge de l'exception, **ne**
s'applique plus si, sur une question de faux incident
civil, il s'élève des indices assez graves pour donner
lieu à une poursuite criminelle : le juge de l'action civile doit alors surseoir à celle-ci jusqu'à ce qu'il ait été
statué sur le faux. (1319, 2°.) Les autres questions, que
l'exception du défendeur peut obliger le juge à résoudre,
sont susceptibles d'une sous-division : les unes ont un
lien intime avec la preuve même que doit faire le demandeur, de telle sorte que la question incidente ne
diffère pas sensiblement de la question d'hérédité ; les
autres, auxquelles on réserve plus spécialement la dénomination de préalables, sont des fins de non-recevoir
à l'action, dont elles attaquent immédiatement et irrévocablement l'existence, sans que : 1° le titre d'héritier,
qu'invoque le demandeur, soit contesté en lui-même,
ni que 2° le jugement de ces exceptions soit distinct
du jugement rendu sur la pétition d'hérédité, bien qu'il
doive être précédé, non pas d'une procédure particu-

lière, mais d'un examen autre que celui du droit de demandeur à la succession. Dans cette dernière classe d'exceptions, je fais rentrer l'exception de prescription, sur laquelle je m'expliquerai plus loin, l'exception de propriété et l'exception de chose jugée. — Le possesseur, pour échapper à la restitution, peut établir qu'il est propriétaire de certains objets que le demandeur prétend appartenir à la succession ; la pétition d'hérédité continuera au sujet des autres objets possédés par le défendeur en qualité de successible. Quant à l'exception de chose jugée, il faut prendre garde d'exagérer sa portée : le demandeur n'aura pas à la craindre s'il n'a succombé dans sa première demande qu'à cause du défaut de possession du défendeur, ou s'il a d'abord été repoussé parce qu'il n'était pas encore héritier, et qu'au moment de la nouvelle action il est devenu héritier, ou, encore, si la cause de son échec tenait à ce que ce n'était pas lui, mais un autre parent, dont il a depuis hérité, qui avait droit à la succession lors de la première demande. (L. 3, Code,—3, 31.) Il en serait de même, encore que la demande de cet héritier fût fondée sur des moyens identiques à ceux qu'il avait fait valoir en son propre nom : ainsi la nullité du testament, établie entre le possesseur et le premier demandeur, ne l'est pas à l'égard du deuxième demandeur, même personne que le premier, mais agissant comme héritier d'un autre ayant droit en vertu de ce testament. (L. 11, § 4, — 44, 2.)

Les exceptions qui se rattachent plus intimement à la preuve du droit héréditaire du demandeur peuvent tenir 1° à sa capacité, 2° à son indignité, 3° à la contestation de son état. Le demandeur doit établir sa capacité, c'est-à-dire une conception antérieure au décès du *de cujus* ; si le défendeur conteste la capacité, ce sera donc au demandeur à la prouver ; il pourra le faire tantôt en invoquant les présomptions légales de gestation, tantôt en fournissant un supplément de preuve : lorsque sa naissance se plaçant entre le deux cent soixante-quinzième et le trois centième jour après l'ouverture de la succession, les juges ont un pouvoir d'appréciation pour la fixation de la date de la conception. Si le défendeur conteste au demandeur la viabilité de celui dont il invoque le droit héréditaire, la preuve de non-viabilité lui incombe. Lorsque la capacité est constante, le défendeur peut opposer au demandeur son indignité ; il devra ou représenter le jugement d'où résulte cette indignité ou prouver qu'il a eu connaissance du meurtre du *de cujus* ; dans ce dernier cas, le même jugement statuera sur l'indignité et l'admission ou le rejet de la demande. Enfin, si le défendeur conteste l'état du demandeur, il doit faire la preuve puisque la contestation d'état suppose que l'enfant est en possession de l'état qu'on lui conteste. S'il n'avait pas la possession d'état, le demandeur devrait, pour réussir dans sa pétition d'hérédité, établir d'une façon suffisante sa filiation, c'est-à-dire que la pétition d'hérédité serait jointe à une action en réclamation d'état. Je fais remarquer par avance que cette action n'est imprescriptible qu'au point de vue de l'état, et non pas quant aux intérêts pécuniaires qui peuvent y être attachés : autrement, la pétition d'hérédité étant prescriptible en principe, il y aurait avantage à n'avoir pas la possession d'état.

Section II

De l'Instance en Pétition d'hérédité par rapport aux Parties et par rapport aux Tiers.

N° 1. — Par rapport aux Parties.

Tant que la pétition d'hérédité est pendante, les actions des parties contre la succession ou de la succession contre les parties sont suspendues ; car le sort de ces actions dépend du jugement qui doit intervenir sur la pétition d'hérédité. Si le demandeur est reconnu héritier à cause de la confusion, il n'y a pas lieu aux actions qu'il avait contre le défunt ou le défunt contre lui ; il n'y a lieu à ces actions que lorsque son adversaire triomphe ; l'exercice en sera repris par ou contre l'ex-demandeur. On devrait en dire autant du possesseur. Un débiteur héréditaire pourrait vouloir user du bénéfice de cette suspension en intentant une action frustratoire en pétition d'hérédité : si le possesseur établissait qu'elle n'a aucun fondement, il serait reçu, même pendant le procès, à exiger ce que ce débiteur doit à la succession, à la charge de le lui rendre au cas où il triompherait cependant sur la pétition d'hérédité. Faut-il dire que l'impossibilité d'exercer les actions pendant l'instance en pétition d'hérédité a pour conséquence la suspension de la prescription ? Cette conséquence paraît naturelle et équitable : comment compter pour la prescription le temps pendant lequel la confusion a empêché l'exercice de la créance ? Il y a là un obstacle de force majeure qui serait laissé à l'appréciation des magistrats ; le Code n'aurait limité les causes de suspension qu'autant qu'elles proviennent de l'état des personnes. (Art. 2251.) Cette doctrine adoptée par quelques auteurs (Tropl., n° 726 *Prescr.*, Vazeille ; Rolland de Villarg., v° *Prescription*), et consacrée par un arrêt de cassation, 21 juillet 1829, doit être repoussée comme contraire à la tradition, à l'intention des législateurs et au texte de la loi. Pothier posait la question et la discutait ainsi : « Il ne doit pas être au pouvoir d'un créancier de la succession de proroger le temps de son action en faisant un mauvais procès. Si le procès sur la pétition d'hérédité empêche qu'il ne puisse procéder sur ces actions, il peut au moins, pour empêcher le temps de la prescription, proposer ces actions par un acte de procédure pendant le procès sur la pétition d'hérédité, sauf à y surseoir et à n'y procéder qu'après le jugement définitif. On opposera peut-être qu'il ne peut proposer ces actions, puisque, en les proposant, il contredirait la prétention qu'il a que l'hérédité lui appartient. Je réponds qu'il peut les proposer par des conclusions subordonnées, en déclarant que c'est dans le cas seulement auquel, contre son espérance, la succession serait, par le jugement qui doit intervenir sur la pétition d'hérédité, déclarée appartenir à son adversaire. » Il est constant que les rédacteurs du Code ont voulu couper court à toutes les divergences que la maxime : *Contra non valentem agere non currit praescriptio*, avait produites dans l'ancien droit. C'est pourquoi ils n'ont pas accueilli le vœu de la Cour d'appel de Rouen, que la maxime *contra...* fût consacrée dans le Code ; et ont, au contraire, adopté la rédaction restrictive de l'article 2251.

Un autre effet de la demande en pétition d'hérédité
est que le possesseur ne peut plus vendre les biens de
la succession, si ce n'est les choses périssables ou celles
dont l'aliénation est imposée, soit pour payer les dettes,
soit pour certaines réparations nécessaires : le possesseur fera bien de faire constater l'utilité de l'aliénation
par le juge. La demande ne change en rien la condition
du possesseur de mauvaise foi, mais elle constitue, pour
ainsi dire, en mauvaise foi celui qui jusqu'alors avait
été de bonne foi, en ce sens qu'il doit veiller à la conservation des biens qu'il peut être condamné à restituer.
Cependant, intérimairement, il continue de jouir de tous
les droits attachés à la propriété : du droit de percevoir
les fruits et de poursuivre les débiteurs de la succession (art. 1240); ceux-ci n'ont aucun intérêt à se refuser au payement.

N° 2. — Par rapport aux Tiers.

Les tiers qui peuvent avoir des droits à exercer pendant l'instance sont des créanciers ou des légataires. Il
est évident que l'action des créanciers ne doit pas être
suspendue par l'effet d'une contestation qui leur est
étrangère; mais à qui doivent-ils s'adresser ? Justinien
permettait aux créanciers d'une somme d'argent ou
d'un objet *in genere* de poursuivre soit le demandeur,
soit le défendeur, sans que ni l'une ni l'autre des parties
pût demander qu'il fût sursis à la demande jusqu'à la
décision de la question d'hérédité. Pothier propose une
autre règle plus équitable qu'il faudrait suivre : Je
pense, dit-il, qu'on doit subvenir davantage au deman-

deur en pétition d'hérédité, et que, sur la demande donnée contre lui par le créancier, il doit être reçu à la dénoncer au possesseur qui lui dispute la succession, et à conclure contre lui à ce qu'il soit tenu d'y entendre et d'acquitter la créance après que le créancier l'aura établie ; sauf à se faire allouer en dépense le payement qu'il en aura fait dans le compte qu'il aura à rendre au demandeur, si le demandeur obtient sur sa demande en pétition d'hérédité (1).

A l'égard de l'action en délivrance des légataires, il faut faire une distinction : si la validité du testament est l'objet du procès en pétition d'hérédité, les légataires doivent, puisque leur droit dépend de cette validité, attendre la fin du procès ; mais ils ont la faculté d'intervenir dans l'instance pour appuyer la demande ou la défense de l'héritier testamentaire ; si, au contraire, la question d'hérédité s'agite sans que la valeur du testament soit discutée, le possesseur de l'hérédité est tenu de faire immédiatement délivrance aux légataires.

PARTIE QUATRIÈME

DES EFFETS DE LA CONDAMNATION DU DÉFENDEUR A LA PÉTITION D'HÉRÉDITÉ.

On peut étudier les effets du jugement qui donne gain de cause au demandeur à la pétition d'hérédité, soit à l'égard des parties, soit à l'égard des tiers. Quant

(1) Ce mode de procéder écarte l'une des objections faites à la saisine collective. (Demol, t. XIII, p. 206.)

aux parties, le jugement de condamnation produit des effets propres au possesseur : obligation de restituer ce qu'il possède au demandeur, prestations personnelles à raison de ce qu'il a cessé de posséder ; d'autres sont propres au demandeur qui, par contre, indemnisera le possesseur des dépenses qu'il a faites à l'occasion de l'hérédité. La solution de ces rapports complexes, dans l'absence presque absolue de dispositions législatives spéciales, doit être demandée aux principes généraux du droit et aux règles déjà reçues dans notre ancienne jurisprudence.

Une question fondamentale en cette matière est de savoir si le Code a conservé la distinction faite dans le droit romain et dans l'ancien droit entre la bonne foi et la mauvaise foi du possesseur. Les textes du Code pourraient en faire douter ; l'article 550 donne, en effet, cette définition du possesseur de bonne foi : « Le possesseur est de bonne foi quand il possède comme propriétaire en vertu d'un titre translatif de propriété dont il ignore les vices. » Or, le jugement rendu sur la pétition d'hérédité prouve que le défendeur, fût-il de bonne foi, n'avait aucun droit à la succession : il n'y a donc pas un titre vicieux, mais absence de titre. Les conséquences qu'on en voudrait tirer ne seraient pas exactes ; l'article 138 prouve, du reste, que les rédacteurs du Code n'ont pas entendu abandonner la distinction traditionnelle si équitable ; il attribue les fruits perçus de bonne foi à des personnes qui, cependant, n'auraient qu'un titre putatif dans le sens de l'article 550 : « Tant que l'absent ne se représentera pas, ou que les actions ne seront pas exercées de son chef, ceux qui auront recueilli la succession gagneront les fruits par eux perçus de bonne foi. » Puisque la distinction n'est pas abrogée, il importe de déterminer à quels signes on doit reconnaître le possesseur de bonne foi et celui de mauvaise foi. En général, le possesseur est de bonne foi lorsqu'il se croit, par une erreur, soit de fait, soit même de droit, appelé à recueillir la succession qu'il a appréhendée. Ainsi, est certainement de bonne foi le parent présent qui prend la part de l'absent dont il ignore l'existence, en vertu de l'attribution faite par la loi elle-même dans l'article 136. Est-il encore de bonne foi s'il a connu l'existence de l'absent ou s'il a pris possession par suite du silence ou de l'inaction du parent présent le plus proche ? M. Demolombe (t. 2, p. 265) soutient que le possesseur est toujours de mauvaise foi dans ces circonstances ; que la succession étant dévolue exclusivement aux parents les plus proches, il n'y a pas, à la différence du cas de l'article 136, de vocation légale au profit des parents plus éloignés ; mais il reconnaît bientôt que l'héritier le plus proche, qui n'a pas réclamé contre la prise de possession, ne devra pas exiger un compte rigoureux ; sa doctrine est donc hésitante. Il vaut mieux partir de l'idée que les parents plus éloignés sont autorisés à prendre possession de l'hérédité (Colmar, 28 février 1815), et dire, dès lors, qu'ils sont de bonne foi s'ils ont eu seulement connaissance de l'ouverture de la succession au profit d'un parent plus proche ; pour les constituer en mauvaise foi, le demandeur devrait établir qu'ils savaient en outre que, s'il ne se présentait pas, c'était par la seule raison qu'il ignorait l'ouverture de la succession. (Cass., 12 déc. 1826.)

— Comment celui qui a recueilli de bonne foi les biens héréditaires cessera-t-il d'être de bonne foi? Il y a deux opinions à ce sujet. Dans une première opinion consacrée par plusieurs arrêts et adoptée par quelques auteurs (M. Bugn., t. 9, p. 247 ; — M. Demol., t. 2, p. 267), la bonne foi cesserait dès que, d'une façon quelconque, le possesseur saurait qu'il n'a pas droit à la succession. On invoque l'article 550 : « Il cesse d'être de bonne foi du moment où ces vices lui sont connus. » Dans la deuxième opinion, à laquelle je dois logiquement me ranger, à raison du parti que j'ai pris sur la précédente question, la bonne foi ne cesse que par une sommation ou une demande en justice. A l'appui, on fait remarquer que l'article 550 est inapplicable à la matière, puisqu'il suppose une bonne foi reposant sur un titre vicieux mais réel; que l'article 138 est formel en ce sens ; que c'était déjà la disposition de l'article 94 de l'ordonnance de 1539; enfin, que cette décision, qui est sans danger pour le véritable héritier, puisqu'il peut par une simple sommation faire cesser la bonne foi du possesseur, a l'avantage de prévenir une contestation sur le moment auquel la mauvaise foi a succédé à la bonne foi, ce que la loi s'attache en général à écarter, ainsi dans l'article 962.

Ces principes sur la possession de bonne ou de mauvaise foi vont recevoir des applications nombreuses, au double point de vue des restitutions et des prestations personnelles dues par le possesseur condamné au demandeur.

Section première

Restitutions.

Il y a peu de chose à dire quant à la restitution des objets qui dépendaient de la succession au moment de la mort du défunt; la condamnation du possesseur, qu'il soit de bonne ou de mauvaise foi, emporte évidemment l'idée qu'il ne retiendra aucun des objets ou des droits héréditaires; il n'y a rien à ajouter ni à modifier aux solutions du droit romain à cet égard. Je rappelle seulement qu'à cause du caractère universel de la pétition d'hérédité, le défendeur doit être condamné s'il possède au moment de la sentence, quand même il n'aurait rien possédé lors de la demande formée contre lui; et que la condamnation doit porter sur tout ce dont il aurait acquis la possession entre le temps de la demande et celui du jugement. Les difficultés n'apparaissent qu'à l'occasion des choses héréditaires que le possesseur a détériorées ou cessé de posséder, ou de celles qui ont été produites par les biens de la succession, telles que les fruits. Un point qui ne saurait faire doute est que le possesseur de mauvaise foi, comme en droit romain, comme dans l'ancien droit, est responsable envers l'héritier véritable de toutes les suites de son indue possession. La disposition si large de l'art. 1383 autorise à demander compte au possesseur de mauvaise foi de tout ce qu'il a cessé de posséder par sa faute ou par son fait, et même de ce qu'il a manqué de posséder; sauf, toutefois, des intérêts, des fruits et des sommes reçues pour prix de vente des choses héréditaires. Si donc, par exemple, le possesseur de mauvaise foi a vendu un bien de la succession, il est tenu de restituer, non pas seulement le prix de vente, mais la valeur réelle du bien si elle était supérieure à ce prix. Le possesseur de mauvaise foi devrait également la valeur des objets héréditaires qu'il aurait laissé prescrire à un tiers. On expliquait, en droit romain, cette rigueur à l'égard du possesseur de mauvaise foi, en disant qu'il a contracté envers le véritable héritier l'obligation de restituer ; que toutes les fois qu'il cesse de posséder par són fait, il commet un dol envers cet héritier qui le fait considérer comme s'il possédait encore. L'article 1383 permet de rendre compte d'une manière beaucoup moins subtile de cette condition du possesseur de mauvaise foi : « Chacun est responsable du dommage qu'il a causé non-seulement par son fait, mais encore par sa négligence ou par son imprudence. » Il y a au moins imprudence à s'emparer d'une succession à laquelle on sait n'avoir aucun droit. Aussi quand le possesseur de mauvaise foi a géré comme un bon père de famille, l'héritier ne peut lui demander que le profit qu'il a tiré de sa gestion ; ceci aura lieu si la vente d'un bien dépendant de la succession a été faite à des conditions avantageuses ou par suite de nécessité absolue ; l'héritier devra se contenter du prix alors même qu'il préférerait avoir l'objet en nature. Je ne crois pas qu'on doive suivre la loi romaine qui donnait au demandeur le choix entre le prix et la chose ; il faut s'attacher à la décision plus équitable d'Ulpien (L. 20, § 2, — 5, 3), approuvée par Pothier. C'est aussi l'avis de Pothier qu'il faut adopter quant au règlement des dommages-intérêts, lorsque le défendeur de mauvaise foi ne peut restituer, on ne déférera pas le serment *in litem* à son adversaire; le juge arbitrera lui-même si les parties ne s'entendent pas sur le choix d'un expert. L'article 1369 est ici applicable : « Le serment sur la valeur de la chose demandée ne peut être déféré par le juge au demandeur que lorsqu'il est d'ailleurs impossible de constater autrement cette valeur. Le juge doit même, en ce cas, déterminer la somme jusqu'à concurrence de laquelle le demandeur en sera cru sur son serment. »

Les principes sont donc assez nettement fixés, quant aux restitutions dues par le possesseur de mauvaise foi; il n'en est pas de même à l'égard du possesseur de bonne foi; les opinions sont très-partagées sur le point de savoir quelle doit être sa position : doit-il restituer les biens dans l'état où ils devraient être, sauf les pertes arrivées par force majeure, ou seulement dans l'état où ils se trouvent (art. 132)? La règle romaine que le possesseur de bonne foi n'est tenu que *quatenus locupletior factus est*, est-elle abandonnée? Pour soutenir que ce principe a été supprimé, on raisonne ainsi : l'art. 138 accorde au possesseur de bonne foi les fruits; il ne le dispense, en aucune mesure, de la restitution des biens eux-mêmes; l'art. 132 oblige, il est vrai, l'absent à reprendre ses biens dans l'état où ils se trouvent, mais l'hypothèse de l'art. 137 est très-dissemblable : on conçoit qu'après trente ans, depuis l'envoi provisoire, ou quand cent ans se sont écoulés depuis la naissance de l'absent, la loi ait abandonné aux envoyés définitifs les pouvoirs les plus étendus. Au contraire, aucune précaution n'est prise dans l'intérêt du parent absent auquel une succession échet, même dans les premiers temps de sa disparition ; il est donc juste de lui réserver le droit à la restitution intégrale. Enfin, on argumente *a fortiori* de l'art. 1379 : celui qui a reçu l'indû est responsable envers le prétendu débiteur qui est cependant coupable de négligence. Ces raisons sont spécieuses, mais elles ne sauraient prévaloir sur la tradition constante et sur l'équité. Il serait très-injuste de rendre responsable, sur ses propres biens, le possesseur qui s'est cru propriétaire de l'hérédité.

Est-il donc vrai que les textes imposent au possesseur de bonne foi une obligation si rigoureuse ? rien de moins certain ; l'art. 138 accorde les fruits dans le but d'éviter des comptes trop compliqués ; cet article ne doit pas être retourné contre le possesseur ; ce serait le détourner de son objet évident. Mais on objecte qu'aucune précaution n'est prise dans l'intérêt de l'absent ?... il ne faut pas oublier qu'à côté de l'absent on peut plaider, dans l'opinion contraire, pour le successible resté dans l'inaction, et qui est certes plus coupable de négligence que celui qui, par une erreur peut-être invincible, paye l'indû : ainsi se trouve réfuté l'argument *a fortiori* qu'on veut tirer de l'art. 1379. Il est, d'ailleurs, certain que, la pétition d'hérédité étant une action réelle, le possesseur de bonne foi n'est tenu qu'autant qu'il possède : son obligation ne survit à la possession que s'il a cessé de posséder par dol ; il aurait pu, par son incurie absolue, perdre toute l'hérédité sans qu'il puisse être recherché par l'héritier, comment serait-il plus sévèrement traité lorsqu'il aura conservé une partie de l'hérédité et n'aura commis que des fautes partielles? On insiste et l'on dit, qu'en règle générale, le débiteur d'un corps certain répond des détériorations qui proviennent de son fait; qu'il n'est libéré qu'autant que la perte a lieu par cas fortuit..... Le droit romain décidait de même, et, cependant, il disait du possesseur de l'hérédité : *Nulli querelae subjectus est qui rem quasi suam neglexit;* et, en raison, on ne peut tirer aucun argument d'analogie de la responsabilité dérivant d'un rapport contractuel à une situation qui est la négation même de l'obligation, puisque le possesseur supposé de bonne foi dispose de l'hérédité comme maître. Le possesseur de bonne foi ne sera donc responsable des détériorations qu'autant qu'elles l'auraient enrichi (art. 1632). Toutefois, les détériorations, si elles étaient excessives, pourraient faire suspecter la bonne foi du possesseur, surtout dans le cas où il connaît l'existence d'un successible plus proche que lui en degré. J'ai déjà dit que quelques auteurs se refusent à admettre la bonne foi du possesseur dans ces circonstances. De même les augmentations de dépenses que le possesseur de bonne foi aurait faites en raison de l'accroissement de son patrimoine ne le dispenseraient pas de restituer les sommes recueillies dans la succession ; on devrait seulement se montrer moins sévère si le demandeur à la pétition d'hérédité n'avait pas, par négligence, intenté plus tôt son action. La règle que le possesseur de bonne foi n'est tenu dans notre droit que *quatenus locupletior factus est*, n'empêche pas qu'on puisse repousser la décision du droit romain qui ne l'obligeait à restituer les prix de vente d'objets héréditaires et les capitaux par lui reçus qu'autant qu'il en était encore plus riche au moment de la demande ; Pothier a prouvé que le système du droit romain n'était pas praticable : on présume donc aujourd'hui l'enrichissement du possesseur de bonne foi. Mais, à l'inverse, il ne doit aucune indemnité pour la non-représentation des biens aliénés à titre gratuit; à moins que, par cette aliénation, il se soit acquitté d'une obligation naturelle : le défendeur pourrait, en ce cas, être tenu de rembourser la valeur des objets donnés qui ne sont pas susceptibles d'être revendiqués. S'il a aliéné à titre onéreux, il doit le prix qu'il a reçu et non pas la valeur réelle de la chose si elle était supérieure. L'obligation de restituer cesse si l'enrichissement provient d'une acquisition du possesseur, lors même que cette acquisition serait faite en vue d'un héritage héréditaire et avec les deniers de la succession ; à moins qu'il se soit opéré une immobilisation à cet héritage : car le possesseur n'est débiteur envers l'héritier que de la somme qu'il a prise dans la succession. Pothier donnait à tort une solution différente en suivant trop fidèlement les lois romaines.

Il reste à voir si, quant aux fruits perçus, le Code a entendu adopter la règle romaine *fructus augent hereditatem,* ou suivre, au contraire, la doctrine la plus généralement admise dans l'ancien droit, quoi qu'en dise Pothier, à savoir que le possesseur de bonne foi fait siens les fruits qu'il a recueillis jusqu'à la demande en pétition d'hérédité. On a prétendu et même jugé (Bordeaux, 20 mars 1834) qu'en cette matière, il fallait encore suivre la règle *fructus augent hereditatem ;* cette opinion est insoutenable : d'abord, parce que le

Code n'ayant pas reproduit la fiction qui faisait continuer la personne du défunt par l'hérédité jusqu'à l'adition, la restitution des fruits produits par l'hérédité
n'est plus commandée par les principes du droit, et
qu'ensuite le texte de l'art. 138 est décisif : « Il suppose évidemment un possesseur d'une universalité,
d'une succession, et cependant il décide très-expressé-
ment que « tant que l'absent ne se représentera pas...
ceux qui auront recueilli la succession gagneront les
fruits par eux perçus de bonne foi (1). » Pourquoi, en
en effet, le possesseur de bonne foi d'une hérédité ne
profiterait-il pas des fruits de cette hérédité, comme le
possesseur de bonne foi d'une chose héréditaire profite
des fruits de cette chose? » (M. Bug. sur Poth.) Faut-il
en conclure que la maxime *fructus augent hereditatem*
soit entièrement abrogée? L'opinion générale est qu'elle
est maintenue à certains points de vue : rien n'indique
que le Code ait voulu s'écarter de la tradition; au contraire, les art. 828-831 prouvent qu'elle a été consacrée pour le partage lorsque la question porte, non pas
sur la restitution des fruits en elle-même, mais sur la
manière dont la restitution doit s'opérer; la jurisprudence donne même parfois à cette règle une portée
plus grande que le droit romain; ainsi on a accordé
aux cohéritiers pour la restitution des fruits, un privilége sur les créanciers personnels du possesseur, portant
sur la masse de la succession. (Toulouse, 2 mai 1825.)
C'est d'ailleurs une règle très-rationnelle, lorsqu'elle n'est

---

(1) On pourrait encore, s'il en était besoin, argumenter *a contrario* de
l'art. 729, qui oblige le possesseur de mauvaise foi l'indigne, à la restitution
des fruits du jour du décès.

pas tournée contre le possesseur de bonne foi ; les fruits doivent dépendre du patrimoine qui les a produits.

Le possesseur de mauvaise foi preste, au contraire, tous les fruits qu'il a perçus et ceux qu'il a négligé de percevoir (art. 1383) ; en vertu du même principe, il doit indemniser le demandeur de tout le préjudice que lui causent les aliénations ou les détériorations. On ajoute souvent que sa condition diffère de celle du possesseur de bonne foi, en ce qu'il est tenu de rendre à l'héritier le prix des choses de la succession qui ont péri quoique par cas fortuit, quand l'héritier prouve qu'il les eût vendues si le défendeur n'était pas entré en possession. Cette décision est fort rigoureuse. (Poth., *Prop.*, n° 412.) On va même plus loin et on oblige le possesseur à faire la preuve, pour se décharger de l'indemnité, que la perte par cas fortuit aurait également eu lieu si l'objet péri s'était trouvé entre les mains du demandeur. En ce sens on dit que le possesseur de mauvaise foi peut-être considéré, à cause de sa mauvaise foi, comme étant de plein droit en demeure ; on ajoute que c'est la décision de la loi contre l'*accipiens* de mauvaise foi (art. 1379). Je pense qu'il ne faudrait mettre à la charge du possesseur de mauvaise foi que les cas fortuits survenus pendant l'instance : sa résistance, alors qu'il sait n'avoir aucun droit, doit le rendre responsable des cas fortuits, s'il ne justifie pas qu'ils seraient arrivés chez le demandeur. Le possesseur de bonne foi, bien que sa bonne foi ait jusqu'à un certain point disparu par l'effet de la demande, ne répondrait pas des pertes par cas fortuits survenus pendant l'instance : il faut qu'il puisse défendre à l'action et soutenir le droit qu'il pense avoir à la succession, sans craindre que la nature se ligue avec le demandeur pour le ruiner. Mais c'est, à cet égard, la seule différence entre le possesseur de bonne foi et le possesseur de mauvaise foi ; celui-ci n'est pas responsable des cas fortuits arrivés avant l'instance : il faudrait, autrement, assimiler le possesseur de mauvaise foi de l'hérédité au voleur ; on ne peut être en demeure de plein droit que par l'effet de la convention ou par la disposition de la loi ; or, art. 1302 *in fine,* il n'y a de demeure légale de plein droit que contre le voleur ; on oppose l'art. 1379... mais il n'y a pas identité de situation : *l'accipiens* de mauvaise foi est plus coupable que le possesseur de mauvaise foi de l'hérédité qui profite de l'inaction de l'ayant droit et n'a aucune voie de droit pour l'en faire sortir. *L'accipiens* de mauvaise foi est en présence de celui qu'il sait n'être pas son débiteur ; que ne lui dit-il : Vous ne me devez rien ? Je dois prévenir, toutefois, que tous les auteurs n'ont pas hésité à mettre les cas fortuits à la charge du possesseur de mauvaise foi : le plus sérieux argument qu'ils puissent invoquer est la tradition ; mais je ne crois pas qu'elle suffise pour imposer une responsabilité aussi sévère au possesseur de mauvaise foi.

Quelle doit être l'étendue de la restitution lorsque le demandeur en pétition d'hérédité n'est héritier que pour partie ? Elle ne comprendra, sans difficulté, que la part réclamée si le défendeur est lui-même héritier pour les autres parts : elle consistera dans la possession indivise des choses qui étaient entre les mains du défendeur.

Mais que décider si le défendeur n'a aucun droit à la succession ? le demandeur pourra-t-il, bien que son droit soit d'une portion indivise, conclure à la restitution de tout ce qui est possédé par l'usurpateur ? Pothier décide affirmativement : il prétend que la rigueur et la subtilité du droit devraient faire donner une autre solution, mais que l'équité veut que le tout soit remis à l'héritier (n° 415). Il semble que l'équité, comme la raison, veulent que le possesseur ne soit dépouillé que dans la mesure pour laquelle le demandeur a établi son droit (*Arg.* 1315, 1162). Aussi ne faut-il s'attacher à l'opinion de Pothier qu'en partant du principe que l'héritier pour partie, tant que ses cohéritiers ne se présentent pas, est saisi pour le tout à l'égard des tiers : l'objection tombe alors d'elle-même ; ce n'est que dans le concours des successibles que la saisine est restreinte à des parts (*Arg.* art. 786, 789, 815).

Section II.

Des Prestations personnnelles dues par le possesseur à l'héritier.

Le possesseur a reçu des payements des débiteurs de la succession le prix des choses héréditaires qu'il a vendues ; il a enfin retiré quelque profit à l'occasion de l'hérédité ; de quelle manière en doit-il compte au demandeur ? Le droit romain disait d'une façon absolue : *Omne lucrum auferendum est tam bonæ fidei possessori quam praedoni.* Cette règle, dont les jurisconsultes abusaient contre les détenteurs de l'hérédité, a-t-elle passé dans le droit français ? Il est à peu près certain que son application aux fruits a été rejetée par le législateur (art. 138); on peut soutenir qu'il l'a voulu proscrire dans ses autres applications : Le seul fondement des prestations personnelles dues par le possesseur est la règle d'équité qui ne permet pas de s'enrichir aux dépens d'autrui ; il s'ensuit que le possesseur ne pourrait pas retenir, soit les choses héréditaires, soit les accroissements ou les améliorations qui y sont survenues. Mais ce principe : nul ne doit s'enrichir aux dépens d'autrui, se retournerait contre l'héritier qui réclamerait au possesseur, fût-il de mauvaise foi, les bénéfices qu'il s'est procurés, même à l'occasion de l'hérédité, par son activité et son intelligente administration. Pothier a donc eu tort (n°ˢ 417-421) d'accepter sans discussion les décisions des lois, 22, 23 et 25 — 5, 3. Contrairement à son opinion, il faudrait décider : 1° Que le possesseur qui a vendu à un prix avantageux un bien héréditaire et l'a racheté depuis à un prix inférieur ne sera pas tenu de rendre, avec la chose, le profit qu'il a tiré de ces deux opérations : « C'est cette chose *in specie* qui était héréditaire... ; puisqu'elle est sous la main de l'héritier putatif, pourquoi ne serait-il pas libéré en la rendant ? » (M. Bugnet, t. IX, p. 252); 2° que le possesseur conservera le profit d'une clause pénale encourue pour retard dans le payement du prix d'un objet de la succession ; 3° qu'il conservera également le profit déshonnête qu'il a fait de l'usage des biens de la succession, sauf, s'il est de mauvaise foi, à indemniser l'héritier du préjudice que cet usage a pu lui causer. (Art. 1383.)

En général, le possesseur de bonne foi n'est tenu, comme dans le droit romain que *quatenus locupletior factus est* à l'époque de la demande en pétition d'hérédité. Cette règle ne doit pas cependant toujours s'appliquer lorsqu'il s'agit de fixer le quantum des prestations personnelles : le droit romain était, dans l'appréciation de l'enrichissement, trop favorable le plus souvent au possesseur de bonne foi. Ainsi il ne faudrait pas reproduire la décision de la loi 30 — 5, 3 : le possesseur de bonne foi qui aurait prêté le prix de vente d'un objet de la succession à une personne devenue insolvable n'aurait pas seulement à céder à l'héritier ses actions contre son emprunteur : l'opération qu'il a faite, avec les capitaux héréditaires, est tout à fait étrangère à l'hérédité. Le possesseur est comptable envers le demandeur de tous les deniers qu'il a trouvés dans la succession, ou qu'il s'est procurés par la succession, quoi qu'il arrive, et comme objets *in genere* : il devrait les restituer même s'ils étaient venus à périr par cas fortuit. On voit que, pour les capitaux, le droit français impose au possesseur de bonne foi une responsabilité aussi étendue que celle du droit romain pour le possesseur de mauvaise foi ; mais rien n'est plus juste, la règle *omne lucrum*..... etc., étant abrogée : les chances de perte seront compensées par les profits que le possesseur pourra réaliser au moyen de placements avantageux. Un avis contraire à celui d'Ulpien (L. 25, § 5, — 5, 3), doit être suivi quant à l'héritier pour partie qui, se croyant unique héritier, a consommé les capitaux héréditaires, en telle sorte qu'il ne possède plus que la part pour laquelle il n'est pas héritier : ses cohéritiers pourront lui faire supporter toute la perte en précomptant sur son lot toutes les sommes qu'il a dissipées.

Que s'il avait détruit des corps certains, la perte s'imputerait proportionnellement : car le possesseur de bonne foi restitue seulement les biens dans l'état où ils se trouvent. Il y avait aussi injustice (L. 25, § 1, — 5, 3) à ne restituer à l'héritier que la chose achetée par le possesseur pour son usage avec le prix de vente d'un objet de la succession, lors même que cette chose a été payée un prix supérieur à sa valeur réelle : il faut décider que le possesseur, ici encore, est comptable du capital pris dans la succession, qu'il ait fait un bon ou un mauvais marché, que la chose ait augmenté ou diminué de prix : l'opération était faite par le possesseur et à ses risques (M. Bugnet, t. IX, p. 255). Ces principes doivent faire repousser encore une décision du droit romain quant au possesseur de mauvaise foi lui-même ; il ne devrait pas les intérêts des sommes employées à ses propres affaires (1) : on peut lui demander compte seulement de l'argent trouvé dans la succession ; mais bien entendu que, comme le possesseur de bonne foi, il en est comptable quoiqu'il l'ait dissipé.

On a égard au temps de la demande pour appliquer les règles différentes de la possession de bonne ou de mauvaise foi sur l'évaluation des prestations personnelles : la demande fait cesser la bonne foi ; aussi le possesseur, à partir de ce moment, doit-il compte des pertes ou des détériorations occasionnées par sa faute ; s'il est question de cas fortuits, la condition du possesseur de bonne foi ne change pas : la perte des capitaux

---

(1) J'ai dit déjà pourquoi on ne peut raisonner *a pari* de l'art 1379 ; j'aurais ici les mêmes observations à reproduire quant à l'argument qu'on serait tenté de tirer de l'art. 1378.

est seule à sa charge, après comme avant la demande. Le possesseur de mauvaise foi est, par elle, au contraire, rendu responsable même de la perte par cas fortuit des corps certains. Il serait aussi responsable, depuis son entrée en possession, de la prescription des créances de la succession et des insolvabilités survenues dans les débiteurs. Les payements qui lui sont faits sont en principe libératoires (art. 1240), et l'interruption de prescription une mesure conservatoire qu'il est en droit de prendre. Si le débiteur opposait au possesseur de l'hérédité son défaut de qualité, il n'y serait fondé que si ce possesseur n'est pas un successible, mais un véritable possesseur *pro possessore*. Bien qu'un tel possesseur ne puisse pas exercer des poursuites efficaces, il répondrait de l'insolvabilité des débiteurs de la succession, s'il n'est pas établi que le véritable héritier avait connaissance de l'ouverture de la succession : en ce cas, on pourrait décharger le possesseur de mauvaise foi des insolvabilités des débiteurs, sans aucun scrupule, et appliquer la loi d'Ulpien (31, § 4, — 5, 3).

Section III.

Prestations personnelles dues par l'héritier au possesseur.

Les prestations auxquelles l'héritier est tenu à l'occasion des dépenses faites par le possesseur, pour les biens de la succession, sont nécessaires, utiles ou voluptuaires. Comme on n'applique plus d'une façon absolue la règle romaine que le possesseur de bonne foi n'est tenu que dans la limite de son enrichissement,

on ne permettra pas au possesseur de se faire rendre
compte par l'héritier des dépenses voluptuaires; il ne
faudra admettre en déduction que les dépenses utiles :
l'héritier ne peut, en effet, être obligé à raison de la
gestion du possesseur que si celui-ci était fondé à dire
que la restitution pure et simple enrichirait l'héritier à
ses dépens. Ces dépenses utiles seront, en conséquence
de ce principe d'équité, allouées au possesseur de mauvaise foi comme au possesseur de bonne foi, article 555 (1). Pour qu'il puisse se faire rembourser les
sommes qu'il a payées aux créanciers de la succession,
il faudra qu'elles aient libéré l'héritier ; mais, à la différé-
rence du droit romain, la bonne foi du possesseur ne
l'autoriserait pas à déduire la somme qu'il aurait payée
à un faux créancier de la succession, en cédant au demandeur l'action en répétition : cette action en répétition
resterait en principe aux risques du possesseur. Il ne
faudrait revenir à la décision du droit romain qu'autant
qu'il y aurait eu une erreur invincible pour l'héritier
lui-même. L'héritier doit allouer les sommes payées
aux légataires si les legs étaient dus ; si, au contraire,
le testament qui les contient avait été déclaré nul après
leur délivrance, le possesseur de bonne foi, lui-même,
n'aurait pas le droit d'en retenir la valeur sur les biens
de la succession : ce n'était pas l'avis de Gaius, L. 17,
— 5, 3. Mais le possesseur de mauvaise foi, aussi bien
que le possesseur de bonne foi, pourrait se faire tenir
compte, par l'héritier, de ce qui lui était dû en qualité

(1) Le possesseur de bonne foi ne pourrait cependant pas se faire rembourser les impenses utiles qui doivent être considérées comme charge des
fruits, à cause de l'article 138.

de créancier du défunt : sur ce point encore, on s'écarte du droit romain, L. 31, § 1, — 5, 3.

L'héritier doit aussi rendre indemne le possesseur s'il a pris des engagements pour certains biens de la succession ; ainsi : « A l'ordre du prix d'un héritage hypo-« théqué à une créance de la succession du défunt, le « possesseur, qui s'était mis en possession des biens de « la succession, a touché le montant de cette créance, « et il s'est obligé de rapporter la somme qu'il a tou-« chée, envers un créancier conditionnel antérieur, dans « le cas auquel la condition de sa créance s'accompli-« rait. Ce possesseur ayant depuis été condamné, sur « la demande en pétition d'hérédité, à rendre à l'héri-« tier les biens de la succession, il n'est tenu de lui « rendre cette somme qu'il a touchée à l'ordre et pour « laquelle il a donné caution de la rapporter, qu'à la « charge par l'héritier de lui donner lui-même caution, « de l'indemniser et de rapporter la somme à sa dé-« charge en cas d'accomplissement de la condition. » Pour résumer toutes ces décisions sur les prestations dues au possesseur de l'hérédité quel qu'il soit, il suffit de transcrire l'article 1381 : « Celui auquel la chose est restituée doit tenir compte, même au possesseur de mauvaise foi, de toutes les dépenses nécessaires ou utiles qui ont été faites pour la conservation de la chose. »

Il faut maintenant s'occuper du règlement des prestations et des garanties qui sont à la disposition du possesseur pour l'obtenir. Puisqu'il n'y a aucune disposition législative en matière de pétition d'hérédité, le règlement doit s'opérer d'après les règles de l'article 555

relatif aux constructions et ouvrages faits sur un fonds
par le possesseur de bonne ou de mauvaise foi. Je n'ai
pas à insister sur ces dispositions, mais je crois qu'il
faut y apporter un tempérament dans le cas où l'héritier
serait dans l'impossibilité de rembourser les impenses
du possesseur : l'héritier servirait alors au possesseur
une rente dont les arrérages représenteraient l'augmentation de revenu résultant des travaux faits sur le fonds.
L'article 555, auquel j'ai renvoyé, ne reproduit pas la
décision de Pothier, mais elle est conforme à son esprit,
et l'on retrouve dans les articles 21 et 22 de la loi du
16 septembre 1807, sur le desséchement des marais,
une faculté analogue laissée aux propriétaires dont les
fonds ont été desséchés de se libérer envers les Com-
pagnies : ils peuvent ou payer l'indemnité, ou délaisser
une partie de leur propriété, ou, enfin, constituer une
rente sur le pied de 4 pour 100.

Il n'y a pas besoin de garantie spéciale pour le possesseur quand le montant des indemnités auxquelles
il a droit ne dépasse pas les sommes dont il est lui-
même débiteur à titre de restitution ou d'indemnité
envers l'héritier : il s'opère une sorte de compensation;
mais lorsque ces indemnités excèdent les sommes dont
le possesseur est débiteur, l'opinion commune accorde
au possesseur un droit de rétention des biens héréditaires : il y a, en effet, *debitum cum re junctum,* condition essentielle du droit de rétention, et ce droit était
accordé au possesseur soit par le droit romain, soit par
les ordonnances royales (Villers-Cotterets et Moulins)
qui avaient à cet égard des dispositions formelles; on
peut, dans le même sens, invoquer *a pari* les articles

867, 1673, 1749, 1948, etc.... Il convient d'ajouter que si les dépenses faites par le possesseur ont eu pour objet la conservation d'un meuble de la succession, la créance contre l'héritier est privilégiée (art. 2102, 3°); que si elles ont eu pour objet la conservation ou l'amélioration d'un héritage, le possesseur a le privilége du 4° de l'article 2103.

Section IV.

De l'effet des actes passés par l'héritier apparent.

Le possesseur de l'hérédité a pu, jusqu'à la demande, faire des actes nombreux et variés; quels sont ceux qui devront être annulés sur la demande de l'héritier? Tous si l'on voulait appliquer avec rigueur la règle : nul ne peut transmettre à autrui plus de droits qu'il n'en a. Mais une solution aussi absolue ne peut se défendre : 1° parce que la possession d'un patrimoine fait présumer la propriété, et que les droits consentis aux tiers de bonne foi méritent toute faveur dans l'intérêt de la sécurité des relations sociales; 2° parce qu'il est certains actes auxquels le possesseur n'a pu se soustraire, et qui ont été pour lui ce qu'ils eussent été pour l'héritier. Aussi tout le monde reconnaît que les débiteurs de la succession, ayant le droit de se libérer, font un payement valable au possesseur de l'hérédité, même de mauvaise foi, s'ils ignorent son défaut de droit (art. 1240); on reconnaît généralement aussi que les baux « faits sans fraude » doivent être maintenus, lors même que leur durée dépasserait celle fixée par les articles 1429 et 1430. Les tribunaux auraient à cet égard un pouvoir d'appréciation : on invoque en ce sens, par analogie, l'article 1673, qui déclare les baux maintenus malgré la résolution du droit de l'acheteur ; on ajoute que l'intérêt de l'agriculture, et l'intérêt de l'héritier lui-même, commandent que les biens de la succession puissent être affermés. Le fait de la possession emporte, comme conséquence, le droit d'administrer au profit du possesseur, car personne autre que lui ne peut l'exercer. Le maintien des baux devrait avoir lieu, quel que soit le titre en vertu duquel le possesseur a appréhendé l'hérédité : il faut, comme pour les payements, considérer surtout la bonne foi des tiers ; car, pour passer un bail, ce n'est pas l'usage d'exiger la communication des titres de propriété. (Cass., 11 mai 1839.) On a cherché à ébranler cette solution, si nécessaire et si équitable, au moyen de l'article 1726 : cet article suppose que le fermier a été troublé dans sa jouissance par suite d'une action concernant la propriété du fonds.... Donc, a-t-on dit, le preneur n'avait pas pu faire un contrat valable avec le possesseur du fonds ? La réponse est que, dans toute opinion, le bail peut être critiqué dans une certaine mesure : il fallait donc que l'article 1726 donnât au preneur un recours contre son bailleur.

Les actes d'administration du possesseur de l'hérédité sont donc opposables à l'héritier ; en est-il de même des actes de disposition ? « Question capitale et célèbre entre toutes les autres, s'écrie M. Demolombe, et bien digne en effet de toutes les controverses qu'elle a soulevées par son importance théorique et pratique ! » Il importe de distinguer deux hypothèses : 1° le possesseur a aliéné un objet certain et déterminé; 2° il a aliéné en tout ou en partie le droit héréditaire lui-même.

1° Le possesseur a aliéné un objet certain et déterminé, soit à titre onéreux, soit à titre gratuit. De toutes les opinions qui se sont produites sur le sort de l'aliénation à titre onéreux d'un objet de la succession par l'héritier apparent, une seule présente une incontestable nettcté : l'aliénation est nulle dans tous les cas; le raisonnement que l'on fait, en ce sens, est bien simple : le droit de propriété implique que le propriétaire a seul le pouvoir de disposer (art. 544); le possesseur est protégé par l'acquisition des fruits (art. 138) et l'acquéreur de bonne foi par la prescription de dix à vingt ans (art. 2265). Décider que l'aliénation est valable, ce serait violer la règle *nemo dat quod non habet*, et introduire, pour les immeubles, une prescription instantanée, comme celle que l'article 2279 autorise seulement pour les meubles corporels (Rennes, 12 août 1844). On ajoute que la question est expressément résolue par l'article 1599; que l'apparence d'un droit sur une universalité ne peut pas créer au profit des tiers, qui l'ont acceptée comme une réalité, une fin de non-recevoir contre la demande du véritable héritier, lequel n'a pu empêcher la vente. Si on oppose à cette opinion la dévolution au profit des parents présents de l'article 136, elle répond que les effets en sont limités par l'article 137, portant qu'elle aura lieu sans préjudice « des actions en pétition d'hérédité et autres droits. » Telles sont les raisons, assurément très-fortes, qui ont fait prévaloir le système de la nullité des aliénations consenties par l'héritier apparent dans la doctrine, sinon dans la jurisprudence, bien que quelques cours protestent encore contre le système de la validité consacré par la Cour de cassation (Rennes, *Gaz. des Trib.*, 10 septembre 1861). Plusieurs réfutations de cette première opinion ont été tentées : peut-être aucune n'est-elle complétement satisfaisante. On a dit que la vente consentie par l'héritier putatif devait être respectée, parce qu'il ne peut pas être indirectement, par suite d'un recours en garantie, constitué en perte sur ses propres biens : dans ce système, l'aliénation à titre onéreux, à moins de clause excluant la garantie, mettrait à l'abri le tiers acquéreur. On invoque, à l'appui de cette opinion, le droit romain ; il est, en effet, probable que l'action en revendication, du véritable héritier contre l'acheteur, se trouvait paralysée par une exception tirée *ex persona venditoris* : c'est en ce sens que j'ai entendu la loi 25, § 17, — 5, 3. Mais qu'en peut-on conclure pour le droit français ? Absolument rien. Lors même que la règle du droit romain serait plus certaine, il faudrait l'écarter, parce que le possesseur de l'hérédité n'est plus tenu seulement dans la limite de son enrichissement : bien au contraire, la vente qu'il a faite est une opération dont les avantages comme les pertes le concernent ; si donc l'action de l'héritier contre le tiers n'est pas recevable, ce doit être en vertu d'un principe tout différent de celui du Juventien. Ce principe, des auteurs ont pensé que les articles 1382 et 1383 pouvaient le fournir : l'héritier véritable, qui a su ou pu savoir que la succession était ouverte à son profit, aurait commis une faute en ne faisant pas reconnaître son droit, et ceux qui ont traité avec le possesseur éprouveraient un préjudice que, non pas le possesseur, mais l'héritier lui-même devrait réparer. C'est, dit-on, une faute de ce genre qui oblige le mandant, après la révocation ou l'extinction du mandat (art. 2005 et 2009), à respecter les engagements du mandataire et les droits consentis par lui à des tiers qui ont traité dans l'ignorance de la cessation du mandat. Il y aurait encore une preuve de ce que le propriétaire en faute ne peut exercer son droit, dans toute sa plénitude, contre ceux qu'il devrait indemniser dans l'article 1380 : celui qui a reçu l'indû de bonne foi ne doit restituer que le prix de la vente. Ce n'est pas tout, cet article 1383 aurait laissé des traces dans toutes les matières du droit : ce serait lui qui rendrait compte des dispositions de la loi du 23 mars 1855 sur la transcription (art. 3) de l'article 1690 et de l'article 1141. Faut-il généraliser et dire que si le possesseur d'un bien déterminé a vendu, le tiers acquéreur ne devra pas être évincé par le propriétaire s'il peut établir que l'ignorance où il est resté, du défaut de droit dans la personne de son auteur, tient à la négligence du propriétaire? Une telle doctrine reposerait sur une extension exagérée de l'article 1383 : on n'est responsable de sa négligence que si l'on est obligé à être diligent; or, il est certain qu'il n'y a pas d'obligation de diligence imposée à l'héritier véritable avant l'expiration du délai de la prescription. A l'argument tiré de l'article 2005, il faut répondre que le mandant avait fait un acte qui appelait la confiance des tiers : il devait, dès lors, prendre des précautions en révoquant le mandat. De même, celui qui a payé ce qu'il ne devait pas s'est exposé, par un fait actif, à ce qu'il ne puisse pas évincer le tiers acquéreur à titre onéreux. Les articles 1690 et 3 de la loi du 23 mars 1855 sont des prescriptions législatives de publicité toutes exceptionnelles : la loi ne les a pas imposées à l'héritier véritable. L'idée de faute ne peut donc servir à valider les ventes consenties par l'héritier apparent (art. 1599). (Voir cependant Jozon, *Rev. prat.*, t. XIV, p. 387 et seq.)

Deux autres théories ont encore été imaginées par les auteurs pour rendre raison de la validité de ces aliénations : MM. Aubry et Rau se fondent sur l'article 132 pour protéger les tiers acquéreurs; la règle *nemo in alium plus juris conferre potest quam ipse habet* recevrait des exceptions : le possesseur de l'hérédité et les envoyés en possession définitive pourraient être placés sur la même ligne quant au droit de disposition; la situation des tiers qui ont traité, fût-ce même pendant la présomption d'absence, avec le possesseur de l'hérédité, serait même plus favorable que celle des tiers qui ont traité avec les envoyés définitifs, car ceux-ci ont pu connaître la révocabilité du titre de leur auteur. L'absent qui revendique son propre patrimoine est obligé de tout maintenir; comment permettrait-on à celui qui n'a pas pu recueillir, à cause de l'article 136, de faire tomber les aliénations? Comment permettrait-on, *a fortiori*, à l'héritier véritable, qui a négligé de se présenter, de les faire tomber? Cette argumentation est dangereuse ; l'article 132 suppose l'envoi définitif; l'article 136, une succession ouverte même pendant la présomption d'absence; les hypothèses étant aussi différentes, on ne peut, sans chance d'erreur, raisonner par analogie. N'y a-t-il pas, d'ailleurs, contradiction de la part de MM. Aubry et Rau, après avoir invoqué l'article 132, à le repousser pour les actes à titre gratuit? L'article 132 doit être écarté ou accepté avec toutes ses conséquences; il ne suffit pas, pour les diviser *utilitatis causa*, de produire l'adage : *Qui certat de damno vitando anteponendus est ei qui certat de lucro captando*. Malheureusement, M. Demolombe (t. 2, n° 257) ne paraît pas avoir une confiance bien éprouvée dans le système de la validité ; voici son aveu : « Que faire donc? Déclarer les aliénations nulles! telle serait, je le répète, dans ce cas, la solution la plus juridique, la plus pure théoriquement. Mais, enfin, puisque l'opinion contraire paraît devoir triompher, il importe du moins de l'établir sur une base rationnelle. » Sans doute, aussi vais-je examiner la théorie qu'on peut dénommer théorie de la bonne foi, consacrée par un grand nombre d'arrêts de cours impériales ; celle du mandat légal proposée par M. Demante et développée par M. Demolombe; enfin celle de Zachariae et de la Cour de cassation. Beaucoup d'arrêts exigent, pour la validité, la bonne foi du possesseur et de l'acquéreur : ce peut être équitable; mais, par analogie de l'article 1167, si la bonne foi des tiers acquéreurs paraît être de quelque considération, elle doit suffire, le possesseur fût-il de mauvaise foi. Aussi la Cour de cassation n'exigeait, d'abord (Cass., 25 avril 1826), que la bonne foi du tiers acquéreur considérée comme irréprochable et invincible; mais la loi n'a nulle part distingué deux espèces de bonne foi, et, quelque favorable que soit l'erreur, elle n'a jamais été un mode d'acquérir la propriété : d'ailleurs, c'est seulement si elle est entière que la durée de la prescription est abrégée. (Art. 2265.) Le mandat légal rend-il mieux compte du droit d'aliéner de l'héritier apparent? On reconnaît qu'il a bien vendu la chose d'autrui, mais on prétend qu'il avait un pouvoir tacite pour le faire en vertu de la loi elle-même; à l'appui, on invoque des décisions où, dans des hypothèses analogues, le véritable propriétaire est tenu de respecter les aliénations consenties par les administrateurs de ses biens, ainsi les articles 132 et 790. Ce sont là des exceptions qu'il ne faut pas étendre hors des cas qu'elles règlent formellement. L'article 136 accorde, dit-on, aux héritiers présents une possession légitime d'où découle le pouvoir de gouverner; et ce pouvoir, appliqué à l'hérédité, doit comprendre la faculté d'aliéner les objets particuliers. M. Demolombe hésite plus encore sur la valeur de la théorie du mandat légal appliquée à la possession du parent plus éloigné, quand le plus proche est inconnu, ou, s'il est connu, demeure dans l'inaction; il l'applique, toutefois, contre l'avis de MM. Aubry et Rau, quand l'héritier ab intestat a aliéné dans l'ignorance du testament qui instituait un légataire universel, soit pendant que ce légataire tardait à entrer en possession, ou soit, en sens inverse, quand c'est le légataire universel en vertu d'un testament nul ou révoqué qui a consenti l'aliénation. Cette doctrine invoque, dans tous ces cas, l'intérêt social de la libre circulation des biens et aussi l'intérêt du bon gouvernement du patrimoine de l'absent ou de l'héritier véritable quèl qu'il soit. On dit enfin qu'il y a peu de dangers, si le possesseur est de bonne

foi, à maintenir les aliénations ; car la considération de
son propre intérêt lui commandera d'agir pour le mieux ;
que si le possesseur est de mauvaise foi, soit à cause de
son indignité (*Arg.*, 729), soit parce qu'il a appréhendé
l'hérédité sans être ni successible ni institué, le mandat
légal disparaîtrait, à moins que l'on pût voir, dans l'usurpation tolérée par l'ayant droit, un mandat véritable
(1988). — Je ne crois pas fondée cette opinion du
mandat légal : il faut, pour conférer au mandataire le
droit d'aliéner, un mandat conventionnel exprès ; on
devrait, si l'on part de l'idée de mandat, montrer dans
la loi un mandat exprès. (Art. 1988.) — Au cas d'absence, il y aura un moyen bien simple de mettre à l'abri
les tiers acquéreurs contre toute action de l'absent
(art. 137) : les parents présents qui voudront aliéner se
feront autoriser par justice. (*Arg.*, art. 112.) Ainsi donc,
dans un cas particulier, l'existence d'un mandat judiciaire est constante, mais celle du mandat légal purement chimérique. — J'arrive enfin au système consacré
par trois arrêts de cassation (16 janvier 1843), et je
crois devoir m'y arrêter en le généralisant : la vente
consentie par le possesseur de l'hérédité, de bonne ou
de mauvaise foi, sera valable, pourvu que l'acquéreur
ait cru traiter avec le véritable héritier toutes les fois
que ce possesseur n'a pas le titre de *pro possessore*, mais
de *pro herede*, successible ab intestat, ou héritier testamentaire, ou cohéritier de l'absent entré en possession
exclusive d'après l'article 136, ou, enfin, héritier indigne non encore exclu par ses cohéritiers. Je vais tout
d'abord m'efforcer d'établir cette solution dans les hypothèses où elle me paraît devoir le moins faire doute :

Si le légataire universel, en vertu d'un testament révoqué, a aliéné au profit de tiers de bonne foi, ne serait-ce pas porter atteinte à la foi publique que rescinder *ex tunc* les droits qui leur ont été consentis? Le légataire était saisi par l'article 1006, s'il n'y avait pas d'héritier à réserve; s'il y avait un héritier à réserve et qu'il en ait obtenu délivrance, il a eu dès lors, en réalité, la possession d'état, pour ainsi dire, de continuateur de la personne du défunt et de propriétaire de tous les biens qui composaient la succession. On ne pourrait même pas, dans cette hypothèse, objecter que, par l'action en nullité du testament, l'héritier légitime (art. 777) est censé héritier pour le tout du jour de l'ouverture de la succession : le fait de la délivrance dû, il est vrai, à sa croyance en la validité du testament, est une imprudence; toutes choses égales d'ailleurs, elle doit faire préférer le tiers acquéreur de bonne foi, qui en serait autrement la victime indirecte et aurait pu compter sur la saisine au moins de fait du légataire universel. Mais je vais plus loin, et je crois qu'en droit il y aurait une grave erreur à invoquer l'article 777, dans le but de faire déclarer nulles les aliénations de l'héritier apparent. Cette formule : « L'effet de l'acceptation remonte au jour de l'ouverture de la succession » doit être rapprochée de celle de l'article 785 : « L'héritier qui renonce est censé n'avoir jamais été héritier. » Elles sont assurément inconciliables si l'on part de l'idée préconçue que l'héritier le plus proche est seul saisi de plein droit sous condition résolutoire : il faut s'en tenir alors à l'article 785. Que si, au contraire, la tradition jointe au texte de l'article 724 fait penser qu'il y a, au profit de tous les successibles, une saisine collective jusqu'à l'acceptation ou la renonciation du successible le plus proche, on n'est plus obligé d'opter entre l'article 777 et l'article 785 ; leur conciliation devient manifeste : après l'attribution collective de l'article 724, il s'agit de savoir quel est le sort définitif de l'hérédité, par suite du parti pris par celui des successibles appelé en premier ordre par la loi. A-t-il renoncé ? La condition résolutoire de la saisine de ceux qui sont appelés à son défaut est défaillie : « L'héritier qui renonce est censé n'avoir jamais été héritier. » A-t-il accepté, au contraire ? sa saisine exclusive remplace celle des autres successibles : l'effet de l'acceptation remonte au jour de l'ouverture de la succession. Il ne s'est pas opéré deux dévolutions successives : l'une au moment du décès, l'autre lors de l'acceptation ou de la demande en pétition d'hérédité. Est-ce à dire pour cela que la saisine collective de l'article 724 n'ait produit aucun effet ? Non, à coup sûr ; cette saisine, qui se trouve résolue à l'égard de l'ayant droit véritable, a été une saisine proprement dite à l'égard des tiers, notamment des tiers acquéreurs ; l'article 723 est formel : « La loi règle l'ordre de succéder entre les héritiers légitimes ; » mais, dans les rapports des tiers et des successibles quels qu'ils soient, cet ordre est indifférent ; le demandeur à la pétition d'hérédité aura donc les mêmes avantages que s'il avait été héritier du jour de l'ouverture de la succession, au point de vue de la possession pour l'exercice des actions possessoires pour la prescription et au point de vue de la propriété, puisque l'hérédité lui est restituée ; mais il ne dépend pas de lui de supprimer, pour ainsi dire, la vie de l'hérédité jusqu'au moment de sa demande : les tiers se sont trouvés en présence des continuateurs provisoires de la personne du défunt. Cette théorie de la saisine collective n'a pas trouvé faveur auprès des commentateurs modernes ; seule, cependant, elle permet d'expliquer certains articles du Code Napoléon, ce qui prouverait qu'elle n'est pas, comme on le lui a reproché, une pure rêverie d'outre-Rhin, notamment les articles 789 et 790 sur lesquels j'aurai à m'expliquer bientôt.

Plusieurs de nos anciens auteurs l'ont, d'ailleurs, professée. On lit dans Denizart (v° *Hér.*, § 2, n° 16) : « Que la loi reconnaît pour habiles à succéder au défunt tous les parents : d'abord, les plus proches, et, à leur défaut, les plus éloignés, et que, de là, il résulte que tant que les plus proches ne se présentent pas, on ne peut contester la succession aux parents plus éloignés qui sont saisis à l'égard des tiers. » Pothier, lui-même, n'était pas aussi opposé à cette théorie qu'on l'a bien voulu dire. (*Succ.*, ch. III, sect. 2.) Enfin, c'est en ce sens que la Cour de cassation s'est prononcée (arrêts de 1843), et c'est l'avis de deux illustres jurisconsultes, Zachariae et Blondeau. (*Sép. des Patrim.*, p. 652.) Les ventes seront donc valables lorsqu'elles auront été consenties par le successible d'un degré plus éloigné que le véritable héritier. Cette décision emporte, par les mêmes motifs, la validité de celles consenties par les héritiers présents (art. 136) : ils ont été saisis pour le tout à l'égard des tiers. L'envoi en possession judiciaire assimile, au point de vue du pouvoir d'administrer et de disposer, le successeur irrégulier à un héritier saisi :

les ventes qu'il aura faites après cet envoi seront donc opposables à l'héritier légitime. Il y a plus de doute pour les aliénations faites par l'indigne : on pourrait, en effet, dire que l'indignité opère de plein droit dans le 1° de l'article 727, d'où il résulterait que l'indigne a un titre nul et ne possède pas *pro herede* même de mauvaise foi; mais cette opinion ne saurait prévaloir : elle établit dans l'article 727 une distinction qui ne s'y trouve pas ; elle ne tient aucun compte de ces mots du même article : « Sont indignes et, comme tels, exclus des successions... »; ce qui suppose, comme on l'a fait justement remarquer, « l'idée d'expulsion plutôt que celle d'obstacle à l'entrée... » Quant aux aliénations de l'incapable de succéder et à celles de l'usurpateur *pro possessore*, elles tomberont sous le coup de la vigoureuse argumentation du système de la nullité, à moins que le tiers de bonne foi puisse invoquer la maxime de l'article 2279; c'est-à-dire qu'il s'agisse de meubles corporels. Faut-il, lorsque l'héritier apparent n'a pas vendu un immeuble ni un meuble corporel, et a cédé une créance, une rente, maintenir la cession? La Cour de cassation s'est prononcée d'une manière absolue contre la validité. Ainsi, les ventes d'immeubles faites par l'héritier apparent seront valables et les cessions de créances ne le seront pas! Il y a là une bizarrerie que les partisans de la nullité absolue n'ont pas manqué d'exploiter contre le système de la Cour de cassation. Elle a refusé avec raison d'appliquer l'article 2279 aux meubles incorporels; la validité de la cession ne devait pas, en effet, dériver de l'art. 2279 : il fallait la fonder sur le principe de la saisine collective à l'égard des tiers.

2° Aliénation d'un objet déterminé à titre gratuit. Les donations de meubles corporels seraient protégées à cause de l'art. 2279 ; au contraire, dans toute opinion, on reconnaît que les donations d'immeubles n'obligent pas l'héritier véritable. Toutefois, dans la deuxième doctrine inspirée du S.-C. Juventien, on y apporte une restriction en faveur de l'ayant cause du dotateur, à raison de l'obligation de garantie (art. 1440). M. Demante a cru pouvoir concilier cette solution avec la théorie du mandat légal. (*Cours analyt.*, t. I, p. 282.) Il faut cependant, sans distinction, reconnaître que les donations faites par l'héritier apparent sont nulles : la saisine de l'art. 724 peut bien donner aux successibles, à l'égard des tiers, le plein et entier gouvernement de la succession ; mais par cela même que tous les successibles sont saisis, il ne doit pas dépendre de l'un d'eux de diminuer le patrimoine de la succession en faisant des libéralités : tout ce que l'on peut admettre, c'est le pouvoir de remplacer un bien héréditaire par un équivalent. N'est-ce pas, d'ailleurs, dans ce conflit du donataire et de l'héritier, le cas de dire : *Qui certat de damno vitando anteponendus est ei qui certat de lucro captando.*

La deuxième hypothèse que j'ai annoncée est celle où l'héritier apparent a aliéné l'hérédité elle-même en totalité ou en partie. La doctrine et la jurisprudence sont d'accord pour déclarer qu'une telle aliénation est nulle, et que l'acheteur de l'hérédité sera soumis, comme son auteur, à la pétition d'hérédité. Les partisans de la nullité des aliénations particulières ont pensé qu'il y avait contradiction entre ces deux décisions de

la Cour de cassation : nullité de la vente de l'hérédité ;
validité de la vente de certains immeubles de la succession. (Cass., 26 août 1833.) Cette contradiction
n'existe pas : la théorie du mandat légal répondra que
le mandataire même *cum libera administratione* dépasse ses pouvoirs lorsqu'il livre à autrui l'universalité
qui fait l'objet de sa gestion ; le système de la Cour de
cassation peut faire deux réponses : 1° Que l'acheteur de l'hérédité, successeur universel, prend par la
nature même de l'objet de la vente, la place de son
auteur qui, en principe, ne lui garantit que sa qualité
d'héritier (art. 1696); 2° que la saisine du successible
d'un degré plus éloigné, avant que le successible plus
proche ait renoncé, ne peut pas comprendre le droit de
disposer du patrimoine dans son ensemble ; ce droit
serait exclusif de l'idée de saisine des autres successibles.

Il est certains cas où les actes de disposition de
l'héritier apparent sont reconnus valables, à cause de
leur caractère de nécessité, par les auteurs mêmes qui
se déclarent pour la nullité des ventes d'objets déterminés. Ces restrictions assurément fort raisonna-
bles compromettent, il faut en convenir, cette théorie de la nullité dont les arguments ont l'avantage ou
l'inconvénient d'être d'une roideur mathématique.
1° Les jugements rendus contre l'héritier putatif sont
opposables au véritable héritier ; ce sont des actes
nécessaires, dit-on ; la conservation des biens de l'hérédité peut exiger que le possesseur intente ou soutienne
un procès ; c'est, d'ailleurs, dans l'intérêt de l'héritier,
car la prescription court contre lui ; les tiers n'ont pas,

en outre, le plus souvent, la possibilité de contester le titre de l'héritier putatif : la loi en fait une application dans l'article 1240. Bien entendu que l'héritier pourra prouver (art. 474, C. Proc.) que le possesseur n'a été condamné que par suite d'une collusion. Ces arguments ne peuvent pas faire disparaître complétement la contradiction : le fond du droit va être agité, compromis, perdu peut-être, sans le fait de l'héritier véritable, bien qu'il n'y ait pas pour les jugements, beaucoup plus importants que les payements, une disposition analogue à l'art. 1240. Aussi quelques auteurs, ne reconnaissant pas la validité des ventes, se sont refusés à attribuer aux jugements rendus pour ou contre l'héritier putatif l'autorité de la chose jugée pour ou contre l'héritier véritable. Mais, alors, le cours de la justice va se trouver suspendu ou le sort des jugements rester dans l'incertitude pendant trente ans! Un tel résultat doit faire douter du bien fondé de la doctrine dont il est la conséquence logique. 2° Les transactions faites par l'héritier putatif sont opposables à l'héritier légitime. On a vu là encore des actes nécessaires qui devaient échapper à la nullité des aliénations consenties par l'héritier apparent. On a dit qu'une transaction est souvent commandée par la raison et qu'elle a, entre les parties, l'autorité de la chose jugée; qu'il fallait donc la régir comme les jugements. Beaucoup de partisans de la nullité ont refusé d'aller jusque-là : la transaction est une convention; il n'y a pas de conventions nécessaires. Les transactions seraient donc annulées. Et parce qu'il plairait au véritable ayant droit de rester dans l'inaction pendant près de trente ans, le tiers de bonne foi qui aurait transigé serait exposé à une contestation qu'il croyait finie depuis longtemps! On répond que la justice pourra autoriser la transaction : rien de mieux, dans le cas de l'article 136, si l'on savait que parmi les ayants droit était un absent; mais, bien souvent, on ne connaîtra qu'après la transaction qu'un parent plus proche était appelé à la succession. Il est à peine besoin de dire que dans toute théorie sur la validité des ventes de biens particuliers, les jugements et les transactions sont valables comme toutes les autres aliénations; et il faut espérer que, malgré l'arrêt de la Cour de Rennes de 1861, la prédiction de M. Demolombe se réalisera : « Ma pensée est que la victoire restera définitivement à ce dernier système et que l'avenir lui appartient. »

PARTIE CINQUIÈME

DES CAUSES D'EXTINCTION DE LA PÉTITION D'HÉRÉDITÉ.

Par cela seul que la loi n'a pas fixé une durée spéciale à la pétition d'hérédité, elle rentre dans la règle générale de l'article 2262; elle est prescriptible par trente ans. Est-ce une prescription acquisitive ou une prescription extinctive? Les étrangers ou les successibles subséquents en possession ont-ils besoin de prescrire contre le véritable héritier? le droit de celui-ci n'est-il éteint que parce qu'il est acquis à autrui? La prescription de l'action en pétition d'hérédité de l'article 137 se confond-elle avec la prescription du droit d'accepter ou de renoncer de l'article 789 ? On ne peut pas agiter de question plus délicate ; aussi importe-t-il de bien dégager les principes. Que supposerait la prescription acquisitive du droit de l'héritier ? l'acquisition du droit héréditaire. L'hérédité, universalité juridique, est-elle susceptible d'être acquise par prescription ? je réponds : Non. — Est-ce à dire que le droit d'hérédité soit imprescriptible ? non encore ; mais l'action en pétition d'hérédité est soumise à une prescription extinctive de trente ans. Ce qui prouve bien qu'il ne s'agit pas d'une prescription acquisitive, c'est que personne n'a admis qu'à l'égard de l'héritier putatif, l'action en pétition d'hérédité ne durait que de dix à vingt ans (art. 2265). Nonobstant, plusieurs auteurs ont soutenu que l'extinction de la pétition d'hérédité était l'effet d'une prescription acquisitive et qu'elle n'avait lieu qu'après trente ans, à cause des prestations personnelles qui communiquent à cette action la nature d'action mixte ; j'ai cherché à prouver que la pétition d'hérédité était bien une action réelle ; et, cela posé, on ne conçoit pas l'idée de possession appliquée à l'hérédité. Deux causes seulement peuvent mettre fin à la pétition d'hérédité : l'usucapion de biens faisant partie de l'hérédité accomplie au profit du possesseur ; en second lieu, une prescription extinctive de l'action. L'usucapion des biens particuliers sera régie par les principes généraux (art. 2262, 2265 et 2279). Quant à la prescription extinctive, elle est réglée par les art. 789, 790, 328 à 330. L'idée qui domine ces dispositions est celle-ci : La loi donne au successible le droit d'opter entre la renonciation et l'acceptation ; mais l'incertitude indéfiniment prolongée étant de nature à compromettre beaucoup d'intérêts, il était juste de soumettre ce droit à la prescription ; on a vivement critiqué la loi d'avoir déclaré prescriptible la faculté d'accepter ou de renoncer : on a dit que l'inaction de l'héritier, ne pouvant engendrer aucun droit au profit d'un autre, semble devoir ne lui en faire perdre aucun à lui-même ; qu'il y a contradiction de la part du même législateur à déclarer que « les actes de pure faculté ne peuvent fonder ni possession ni prescription, » et à dire : « La faculté d'accepter ou de répudier une succession se prescrit par le laps de temps requis pour la prescription la plus longue des droits immobiliers » (art. 2232 et 789). Ces objections tendraient à nier l'existence d'une prescription extinctive et à appliquer le principe de l'article 2232, fait pour ce qui est de pure faculté et non pour les droits à la prescription extinctive de l'article 789. Tout ce qu'on peut reprocher au législateur, c'est de n'avoir pas donné une formule plus nette que celle de cette dernière disposition. M. Demolombe a dit, avec raison, « que l'article 789 est dans notre Code une espèce d'énigme dont tous les efforts des commentateurs n'ont peut-être pas pu découvrir le véritable mot. »

Je dois rechercher en quoi cet article 789 intéresse la question de prescription de la pétition d'hérédité ; je pars de ces points que je regarde comme acquis : 1° Que l'hérédité ne peut, en tant qu'universalité juridique, être acquise par prescription ; 2° que les possesseurs de biens héréditaires sont soumis, pour la prescription acquisitive de ces biens particuliers, aux règles de prescription du droit commun.

Ce que je veux prouver, c'est que la prescription de

la pétition d'hérédité de l'article 137 n'est autre chose
que la déchéance contenue dans l'article 789 ; ce qui
implique que l'héritier, après avoir gardé le silence pendant trente ans, doit être considéré comme renonçant; ce
qui implique encore que les successibles plus éloignés,
en possession, ne pourront plus être inquiétés, non pas
qu'ils aient acquis le droit d'hérédité, mais parce que
l'arme offensive, que le véritable ayant droit pouvait
tourner contre eux, est brisée ; parce que l'action, sanction du droit, n'existe plus au profit de celui qui les
primait. « La faculté d'accepter ou de répudier, » porte
l'article 789 ; il s'agit d'une seule et même faculté et
non de deux facultés distinctes : il faut donc rejeter,
sans plus ample examen, comme opposées au texte, les
interprétations suivantes : 1° après trente ans l'héritier
est considéré tout à la fois comme acceptant et comme
renonçant suivant l'intérêt de celui qu'il attaque ou par
qui il est attaqué ; 2° la faculté de renoncer est perdue si
l'héritier est resté saisi pendant trente ans ; et à l'inverse
celle d'accepter si l'héritier a renoncé et n'a pas usé en
temps utile du droit de l'article 790 ; 3° le successible
est déchu de la faculté d'accepter si, pendant les
trente ans, la succession a été appréhendée par des successibles, soit du même degré, soit d'un degré ultérieur;
il est, au contraire, déchu de la faculté de renoncer si
aucun successible n'a appréhendé l'hérédité. Ce dernier
système est fort savamment conçu et combiné, de l'aveu
même de M. de Demolombe, qui le combat ; mais il est
entaché d'un vice radical comme les deux premiers.
Restent deux interprétations extrêmes : première, après
trente ans, le successible qui a gardé le silence est hé-

ritier pur et simple; deuxième, après trente ans, la faculté d'accepter est prescrite, le successible est devenu irrévocablement étranger à la succession. Quelle doit être la solution d'après les principes ordinaires de la prescription? Celui qui oppose la prescription prétend qu'un état de fait, contraire au droit, a duré un certain laps de temps déterminé par la loi : le successible saisi, qui n'a pas fait acte d'héritier ou qui n'a pas accepté, a gardé une attitude en opposition avec le droit qu'il tenait de l'article 724; après trente ans, ce n'est pas la saisine qui doit prévaloir, c'est l'abstention. Si l'on consulte l'ancienne jurisprudence, on voit que le droit d'option de l'héritier y était regardé en général comme imprescriptible; que, cependant, Lebrun, Ferrières et l'article 21 du tit. 21 de la Coutume d'Audenarde, décidaient, quant à la faculté d'accepter, qu'elle ne durait que pendant trente ans; ne doit-on pas supposer l'intention du législateur de confirmer cette manière de voir, en présence surtout des observations faites par les cours d'appel (Fenet, t. 3, p. 415, — t. 2, p. 140) contre la prescription du droit d'accepter? On a objecté que la renonciation ne se présumait pas, mais l'acceptation ne se présume pas davantage (art. 778 - 780) ; on a aussi prétendu que cette opinion n'expliquait pas les mots de l'article 789 : « ou de répudier »... Est-ce qu'en perdant la faculté d'accepter, le successible n'a pas perdu nécessairement celle de renoncer? Si l'on déclare qu'après trente ans le successible est héritier nécessairement, on viole l'article 775; on ne tient pas compte de ce que la saisine n'a lieu qu'en vue d'une acceptation présumée dont on abandonné l'espoir lorsque le successible a laissé passer un si long espace de temps sans répondre à la vocation de la loi. L'héritier qui n'a pas pris possession dans les trente ans de l'ouverture de la succession y est donc complétément étranger : son action en pétition d'hérédité est prescrite, sans qu'il y ait à s'occuper du point de savoir si ceux contre lesquels il serait tenté de la diriger ont une possession assez prolongée pour être arrivés à la prescription.

A qui profitera cette déchéance du plus proche héritier? aux successibles qui, également saisis, ont pris possession de l'hérédité, ou, par suite d'une suspension de prescription, sont encore à temps pour opter. Que si tous les successibles se sont abstenus, la succession sera définitivement vacante; et la liquidation pourra être poursuivie par les créanciers, s'il est bien constant qu'aucun successible n'est plus à temps pour prendre parti, sans qu'ils soient astreints à observer les formes prescrites par les articles 812 à 814. Je fais observer que cette interprétation de l'article 789 est en parfaite harmonie avec l'idée de la saisine collective; sans qu'on soit obligé de supposer une seconde dévolution de la saisine, le successible entré en possession opposera la déchéance de l'article 789 au successible d'un degré plus proche « qui sera censé n'avoir jamais été héritier, » article 785. Si l'on tient à ce que le plus proche ait seul la saisine, comment concilier la déchéance du droit d'accepter de l'article 789 avec l'attente légitime des successibles plus éloignés? il dépendra de la mauvaise volonté de l'héritier saisi de rendre illusoire le droit de ceux qui viennent après lui et ne peuvent le

forcer à prendre parti ; des auteurs, reculant devant la
bizarrerie d'un tel résultat, ont dit que le point de départ de l'article 789 n'était pas invariablement l'ouverture de la succession, mais qu'on devait compter pour
chaque degré un délai de trente ans à partir de l'expiration du délai imparti au degré précédent : sans supposer de suspension de prescription, il faudrait trois
cent trente ans pour opposer au successible du dou-
zième degré la prescription de la pétition d'hérédité,
et les successeurs irréguliers, après ces trois cent trente
ans, pourraient encore intenter la pétition d'hérédité ;
l'État pourrait l'exercer trois cent quatre-vingt-dix ans
après l'ouverture de la succession ; il est vrai que l'usucapion garantirait le plus souvent contre des résultats
aussi absurdes, mais ils prouvent que le principe d'où
l'on part est essentiellement faux. La saisine collective
permet aussi d'expliquer rationnellement l'article 790 :
« Tant que la prescription du droit d'accepter (c'est donc
bien cette faculté qui est susceptible de se prescrire dans
l'article 789) n'est pas acquise contre les héritiers qui
ont renoncé, ils ont la faculté d'accepter encore la succession si elle n'a pas été déjà acceptée par d'autres
héritiers. » Le successible le plus proche, en effaçant sa
saisine par la renonciation, a refusé le privilége que lui
donnait sa qualité de parenté ; ses cohéritiers ou ceux
qui venaient après lui ont pu convertir leur saisine provisoire en une saisine définitive par l'acceptation ; mais
s'ils n'en ont pas usé et que la prescription du droit
d'accepter ne soit pas accomplie, les choses sont en
l'État : la renonciation de l'héritier le plus proche ne
l'a pas, en réalité, à cause de l'inaction des autres suc-

cessibles, dépouillé de la saisine ; il peut encore la confirmer par l'acceptation.

La fin du même article 790 a soulevé une question que je crois devoir examiner, comme se rapportant à la fois à la durée de la pétition d'hérédité et à l'usucapion, par les tiers des biens de la succession. L'article 790 ne permet au renonçant de ressaisir la succession que « sans préjudice néanmoins des droits qui peuvent être acquis à des tiers, soit par prescription, soit par actes valablement faits avec le curateur à la succession vacante. » C'est une exception remarquable à la règle que l'effet de l'acceptation remonte au jour de l'ouverture de la succession (art. 777). Il fallait protéger, contre cette réaction volontaire de l'héritier les droits légitimement acquis aux tiers contre la succession , et notamment la prescription en faveur soit des débiteurs héréditaires, soit des détenteurs de la succession pendant sa vacance : art. 2258. Mais cette disposition relative à la prescription s'applique-t-elle aux héritiers mineurs ? L'article 462 peut en faire douter ; il ne fait pas mention de la prescription et porte seulement que le mineur reprendra la succession « dans l'état où elle se trouvera lors de la reprise et sans pouvoir attaquer les ventes et autres actes qui auraient été légalement faits durant la vacance. » Malgré cette différence de rédaction entre les deux articles, faut-il donner la même solution ? On le soutient au moyen du texte de l'article 462 « dans l'état où elle se trouvera lors de la reprise; » on invoque aussi l'art. 811 ; on dit, enfin, qu'il y aurait inconséquence dans l'opinion contraire : si, avant le retour sur la renonciation, le tiers avait opposé la prescription au curateur, il y aurait chose jugée : le droit du tiers ne doit pas dépendre de la circonstance éventuelle qu'il aura opposé la prescription au curateur. Il ne faut pas admettre cette doctrine : l'art. 2252 ne reçoit dans la loi aucune exception ; lorsque le mineur revient sur sa renonciation, article 777, il doit y avoir rétroactivité. Ces mots de l'art. 462, « dans l'état où elle se trouvera, » sont expliqués par la suite du texte : c'est-à-dire en respectant les actes qui ont été faits. On objecte l'article 2258 : la prescription court contre la succession vacante ; mais ceci veut dire que la vacance à elle seule ne suffit pas pour suspendre le cours de la prescription. Si le tiers avait opposé la prescription, dit-on, il y aurait chose jugée ; la question de prescription ne doit pas dépendre du hasard ? Il faut répondre que le jugement, rendu au profit du tiers possesseur contre le curateur à la succession vacante aurait constitué un acte fait pendant la vacance ; un acte rentrant, par conséquent, dans le texte de l'article 462.

Personne ne conteste, d'ailleurs, que l'article 2252 reçoive son application au profit du mineur quand il s'agit de la prescription du droit d'accepter à l'égard de ses cohéritiers ou des successibles plus éloignés.

Il importe donc de bien distinguer la prescription acquisitive des biens héréditaires, qui nécessite une possession prolongée pendant le temps réglé par la loi, et la prescription extinctive de l'action en pétition d'hérédité, déchéance indépendante de la durée de la possession de ceux qui l'opposent : cette distinction prévaut en jurisprudence. (Cass., 29 janv. — Paris, 25 nov. — Caen, 25 juillet 1862.)

On serait tenté de croire que la pétition d'hérédité est imprescriptible, par voie de conséquence, de l'imprescriptibilité de l'action en réclamation d'état à l'égard de l'enfant, mais on confondrait les actions relatives aux droits pécuniaires avec l'état lui-même ; il n'y a pas de solidarité entre l'action en réclamation d'état et la pétition d'hérédité : celle-ci n'en sera la suite ordinaire qu'autant que la succession n'est pas ouverte depuis plus de trente ans, à moins qu'il y ait eu une cause de suspension de droit commun. L'enfant pourra, au contraire, à toute époque, réclamer son état, et, comme lui seul peut certainement faire cette réclamation, lorsque les droits pécuniaires qui y sont attachés sont prescrits, je dis, incidemment, que ses créanciers doivent être déclarés non recevables à invoquer l'article 1166 pour faire valoir les droits pécuniaires non prescrits, qui ne sont qu'une dérivation de l'action en réclamation d'état. Si, lorsque cette action est imprescriptible, la pétition d'hérédité reste soumise à la prescription ordinaire, la réciproque n'est pas vraie : la durée de l'action en pétition d'hérédité est limitée au-dessous de trente ans, quand la réclamation d'état elle-même est prescrite par un laps de temps plus court ; ceci arrive dans le cas de l'article 329, lorsque l'action en réclamation d'état compète aux héritiers de l'enfant. Si, d'abord, l'enfant est décédé sans avoir réclamé son état, et ayant atteint l'âge de vingt-six-ans, les héritiers n'auront pas l'action en réclamation d'état, ni, par suite, en pétition d'hérédité, bien qu'à cause soit de l'âge, soit de la minorité de l'enfant, la prescription de trente ans n'ait pas encore frappé directement la pétition d'hérédité. S'ils ont l'action, parce que l'enfant est décédé dans les cinq années après sa majorité, la durée de cette action sera souvent réduite au-dessous de trente ans, la prescription ayant commencé à courir contre l'enfant. Je fais remarquer que les mêmes principes doivent recevoir leur application à l'action en contestation d'état et à la pétition d'hérédité qui peut en dépendre.

Il me reste à examiner plusieurs questions de prescription dans la matière de l'absence : les unes relatives à la prescription acquisitive des tiers, les autres à la prescription de la pétition d'hérédité dite utile. Au premier point de vue, on peut se demander, soit dans les rapports des envoyés et des tiers, soit dans ceux de l'absent et des tiers, quelle est la personne qu'il faut considérer, de l'absent ou des envoyés, pour suspendre la prescription. L'envoyé en possession peut-il, contre un possesseur ou un débiteur, invoquer la suspension de prescription du chef de l'absent mineur? Réciproquement, l'envoyé peut-il, au possesseur qui oppose la prescription, objecter la suspension à raison de sa propre minorité? Bien que l'opinion contraire triomphe dans la doctrine et dans la jurisprudence, je pense qu'il faut avoir égard à la personne des envoyés : la loi considère les envoyés comme dépositaires et limite leurs pouvoirs (art. 125-128) lorsqu'elle s'occupe des rapports de l'absent et des envoyés; mais, à l'égard des tiers, l'envoi en possession confère aux envoyés, à cause même de la présomption de mort des articles 120 et 123, la qualité de propriétaires; s'ils sont mineurs, ils peuvent donc opposer la suspension de prescription (art. 2252), puisque les seules restrictions à leurs pouvoirs ont pour but la conservation du patrimoine en vue du retour possible de l'absent. (Art. 128.) Si la loi, dans l'article 136, ne tient pas compte du droit de l'absent pour les successions ouvertes à son profit depuis sa disparition, n'en faut-il pas conclure qu'elle a voulu que les envoyés en possession eussent, à l'égard des tiers, la qualité de propriétaires dont elle dépouille ainsi l'absent? On oppose l'article 124 : l'époux qui continue la communauté opposera, dit-on, la prescription du chef de l'absent, ce qui n'empêcherait pas, contre cet absent, l'application de l'article 136. Je doute que le mari majeur puisse, du chef de sa femme mineure, opposer la suspension de la prescription s'il continue la communauté, ou qu'il puisse l'opposer du chef de sa femme majeure, car on n'est ni dans le cas du 1° ni dans le cas du 2° de l'art. 2256. Si la femme continue la communauté, pourquoi, si elle est mineure, la priverait-on du bénéfice de l'art. 2252? pourquoi si elle est majeure et son mari mineur, lui permettre d'invoquer un bénéfice introduit pour les incapables alors que sa capacité est complète (art. 222)? Quant aux rapports de l'absent et des tiers, il faut distinguer deux propositions, dont la première seule est certaine : l'absent de retour fera tomber les prescriptions qui lui seraient opposées, en invoquant sa minorité ou son interdiction ; on ne saurait lui répliquer que les envoyés étaient majeurs, l'événement ayant prouvé que ce n'a pas été une garantie pour l'absent. L'absent de retour pourra-t-il invoquer la suspension de prescription du chef des envoyés? Il faut encore décider affirmativement : les envoyés mineurs avaient le bénéfice de l'article 2252, et, d'autre part, étaient responsables des prescriptions acquises : si l'absent ne pouvait pas, en leur nom, invoquer l'article 2252, il leur demanderait des dommages-intérêts alors que le législateur, par le bénéfice de la suspension, a voulu les mettre à l'abri de toute perte.

Enfin, quelles règles appliquer au cas d'absence à la prescription de la pétition d'hérédité elle-même? La durée de l'action sera de trente ans; mais quel sera le point de départ de cette durée? Pas de difficulté pour la pétition d'hérédité qu'on appelle utile, c'est-à-dire pour celle qui est intentée par des parents qui se trouvaient être, à l'époque de la disparition ou des dernières nouvelles, héritiers présomptifs à l'exclusion de ceux qui ont obtenu l'envoi : tous les parents, autres que les enfants de l'absent, doivent réclamer dans les trente ans qui suivent l'envoi provisoire; les enfants et descendants peuvent encore agir dans les trente ans à compter de l'envoi définitif. (Art. 133.) Mais si le décès de l'absent à une époque postérieure à la déclaration d'absence est prouvé, l'envoyé provisoire a-t-il prescrit contre la pétition d'hérédité du jour du décès? D'après une première opinion, l'envoyé provisoire, administrateur comptable, dépositaire, ne prescrirait pas contre le véritable héritier. (Art. 2236.) Il ne peut commencer à prescrire que par une interversion de titre qui sera, ou la connaissance du décès suivie d'une possession *animo domini*, ou l'envoi en possession définitif. Cette opinion ne doit pas prévaloir : l'envoyé provisoire prescrira par trente ans, à compter du décès, contre l'action en pétition d'hérédité. (Art. 789.) Ce n'est qu'envers l'absent que l'envoyé provisoire a un titre précaire; à l'égard des autres successibles comme à l'égard des tiers, il possède avec l'intention de conserver l'hérédité. C'est le décès lui-même, et non pas la connaissance du décès, qui opère interversion de titre comme ferait une « cause venant d'un tiers, » c'est-à-dire une cause indépendante de la volonté du prescrivant. Il faut noter que si le décès a eu lieu avant l'envoi en possession, l'extinction de la pétition d'hérédité, en vertu de l'article 789, précédera l'usucapion de chaque bien de la succession par l'envoyé provisoire. Cette question se rattache donc bien à la prescription de la pétition d'hérédité elle-même.

APPENDICE

L'absence *reipublicae causa* avait été à Rome l'objet de mesures protectrices ; chez nous, les grandes guerres de la République et de l'Empire nécessitèrent des règles spéciales, de véritables priviléges, en faveur des « défenseurs de la patrie. » Une partie de cette législation exceptionnelle a disparu avec les circonstances qui l'avaient fait établir : ainsi les militaires ne pourraient plus prétendre au bénéfice de la suspension de prescription en vertu de la loi du 6 brumaire an v ; mais, dans l'opinion générale, ils ont conservé plusieurs priviléges (loi du 11 ventôse an ii) ; l'un d'eux a trait à la pétition d'hérédité : lorsqu'une succession s'ouvre au profit d'un militaire absent, la présomption de mort de l'article 136 ne s'applique pas au profit des héritiers présents : un curateur procède, au nom de l'absent, à l'inventaire et à la vente des meubles (art. 3) ; le partage se fait comme si le militaire était présent ; aussi bien, quoi qu'on ait soutenu le contraire, quand son existence est déniée que lorsqu'elle est reconnue. Cette dérogation à l'article 136 n'aura lieu que pour la période de présomption d'absence ; la mort du militaire doit ensuite être présumée comme celle de toute autre personne, et même plus que celle de toute autre ; car, si le militaire absent était vivant, il serait déserteur. Entre la présomption de mort et la présomption de désertion, il n'y a pas à hésiter.

POSITIONS

DROIT ROMAIN.

I. La loi 7, Code *de Petitione hered.*, 3, 31, n'a pas altéré la nature réelle de la pétition d'hérédité.

II. A l'époque classique le *jussus* du juge dans la pétition d'hérédité, comme dans toute autre action arbitraire, était exécutoire *manu militari*.

III. La *querela inofficiosi testamenti* est une pétition d'hérédité d'une espèce particulière.

IV. Le sénatus-consulte d'Adrien ne maintient pas l'usucapion *pro herede* contre l'héritier au profit du possesseur *pro herede* de bonne foi.

V. Il n'y a pas antinomie entre les § 3 *de Interd.*, *Inst.* IV, 15, Gaius, *Com.* 4 § 144 et les lois 11 et 12 *de Pet. hered.*, — 5, 3.

VI. Il suffit que le défendeur à la pétition d'hérédité possède au moment de la sentence.

VII. On peut concilier la loi 13 *de Except.* et les lois 5, § 2 et 7 *Pr. de Petit. hered.*

VIII. La loi 2 Code *de Petit. her.* prouve qu'à l'époque classique le possesseur actionné par la *rei vindicatio* gagnait définitivement tous les fruits détachés du sol.

IX. Les servitudes doivent être comprises dans les restitutions dont est tenu le possesseur sur la pétition d'hérédité : la décision contraire de Paul, loi 19, § 3, *de Petit. hered.* n'est pas rationnelle.

X. Le possesseur de mauvaise foi est, en principe, responsable envers le demandeur des fruits qu'un bon administrateur eût dû percevoir ; il sera, par exception, condamné à ceux que le demandeur lui-même eût perçus.

XI. L'acheteur de mauvaise foi d'objets particuliers est soumis à la pétition d'hérédité utile.

XII. L'héritier ne peut poursuivre l'acheteur de bonne foi de l'hérédité ou d'un objet particulier toutes les fois qu'il aurait contre son vendeur de bonne foi un recours en garantie efficace.

DROIT CIVIL FRANÇAIS.

I. L'action en pétition d'hérédité est réelle.

II. Il n'y a pas d'action possessoire pour faire reconnaître le droit de l'héritier à une succession même purement mobilière.

III. L'héritier est obligé de prouver la propriété de son auteur contre le possesseur *pro possessore* proprement dit.

IV. Les enfants de l'absent peuvent, à son lieu et place, intenter la pétition d'hérédité relativement à la succession ouverte depuis sa disparition.

V. La pétition d'hérédité ne doit être portée devant

le tribunal de l'ouverture de la succession que lorsqu'elle est partielle.

VI. La suspension de l'exercice des actions des parties plaidantes contre la succession, ou de la succession contre elles, n'emporte pas suspension de prescription.

VII. Le successible d'un degré plus éloigné qui entre en possession est de bonne foi s'il ne sait pas que l'inaction du successible le plus proche a pour cause l'ignorance de l'ouverture de la succession.

VIII. La bonne foi du possesseur de l'hérédité ne cesse que par une sommation ou par une demandè en justice.

IX. Le possesseur de bonne foi n'est tenu de restituer les biens héréditaires que dans l'état où ils se trouvent à l'époque de la pétition d'hérédité.

X. Le possesseur de bonne foi de l'hérédité fait les fruits siens.

XI. Les cas fortuits, arrivés avant la demande en pétition d'hérédité, ne sont pas à la charge du possesseur de mauvaise foi.

XII. La règle *omne lucrum auferendum est tam bonœ fidei possessori quam prædoni* n'a pas passé dans notre droit.

XIII. Le possesseur de bonne foi est comptable, même au delà de son enrichissement, des capitaux héréditaires qu'il doit *in genere*.

XIV. Les baux faits sans fraude, par le possesseur quel qu'il soit, doivent être maintenus lors même que leur durée dépasse celle des art. 1429 et 1430.

XV. La prescription de la pétition d'hérédité est régie par l'article 789.

XVI. Les trente ans de la prescription doivent être comptés à partir de l'ouverture de la succession.

XVII. L'héritier mineur, qui revient sur sa renonciation, a droit à la suspension de prescription à l'égard des autres successibles et des tiers débiteurs ou possesseurs.

XVIII. Au cas d'absence, c'est à la personne de l'envoyé en possession qu'il faut s'attacher pour régler les suspensions de prescription, soit dans les rapports des envoyés, soit dans les rapports de l'absent avec les tiers.

XIX. La prescription de l'hérédité s'opère au profit de l'envoyé en possession du jour du décès.

HISTOIRE DU DROIT

I. Le possesseur de bonne foi faisait siens les fruits perçus avant la demande en pétition d'hérédité.

II. Le droit coutumier admettait la saisine héréditaire collective à l'égard des tiers.

III. Il n'y a aucun rapport de filiation entre les profits féodaux ou censuels et les droits de mutation.

DROIT DES GENS.

I. Lorsqu'un neutre ne reconnaît plus aux bâtiments de guerre qui sont dans ses ports les droits de belligérants, il doit leur donner, pour s'éloigner, un délai pendant lequel ils ne pourront être poursuivis par les navires ennemis mouillés dans les mêmes ports.

II. Le commerce des neutres avec les colonies des nations belligérantes, même soumises au régime colonial, n'est pas en principe contraire à la neutralité.

DROIT CRIMINEL

I. Une cour d'assises peut, sans se mettre en opposition avec le verdict d'acquittement du jury, déclarer que le fait matériel, incriminé par l'accusation, a été causé par la faute de l'accusé, et prononcer contre lui des dommages-intérêts.

II. C'est au jury qu'il appartient de prononcer sur la dénégation que fait de son identité l'individu arrêté comme condamné par contumace.

DROIT ADMINISTRATIF

I. Les conseils de préfecture peuvent statuer sur les dommages permanents résultant de travaux publics.

II. Les travaux d'intérêt public entrepris par les communes sont de la compétence des conseils de préfecture.

III. Les locataires dont les baux n'ont pas date certaine ont, en principe, droit à une indemnité d'expropriation.

DROIT COMMERCIAL

I. Les répartitions d'intérêts que fait une société par actions en l'absence de bénéfices sont licites lorsque les statuts de cette société régulièrement publiés les autorisent expressément.

II. Les porteurs d'obligations d'une société doivent être admis au passif de la faillite pour le montant nominal, et non pas seulement pour le capital d'émission de leurs titres.

Vu par le Président de la Thèse,

VUATRIN.

Vu par le Doyen de la Faculté,

C. A. PELLAT.

Vu
et permis d'imprimer :

*Le Vice-Recteur de l'Académie
de Paris,*

A. MOURIER.

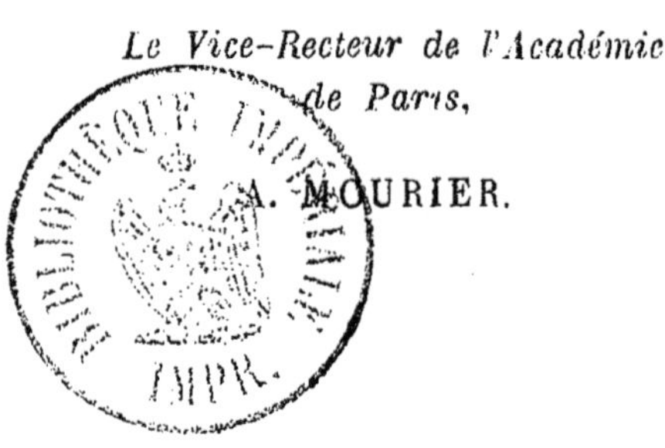

PARIS. — TYP. MORRIS ET Cⁱᵉ, 64, RUE AMELOT.

ERRATA

—

Pages

6 lire *Accommodatæ.*

37 — *L. 8 - 22 - 6.*

60 — *Ou dont il était responsable* (titre).

63 — *L. 16 § 4 - 5. 3.*

67 — *traité* au lieu de *traitée.*

67 — *L. 22 Code - 3. 32.*

69 — *L. 20 § 4. - 5. 3.*

72 — *Usucapion commencée.*

86 et 87 — *L. 20 § 14. - 5. 3.*

129 — *Moins que sa part,* au lieu de *Plus que...*

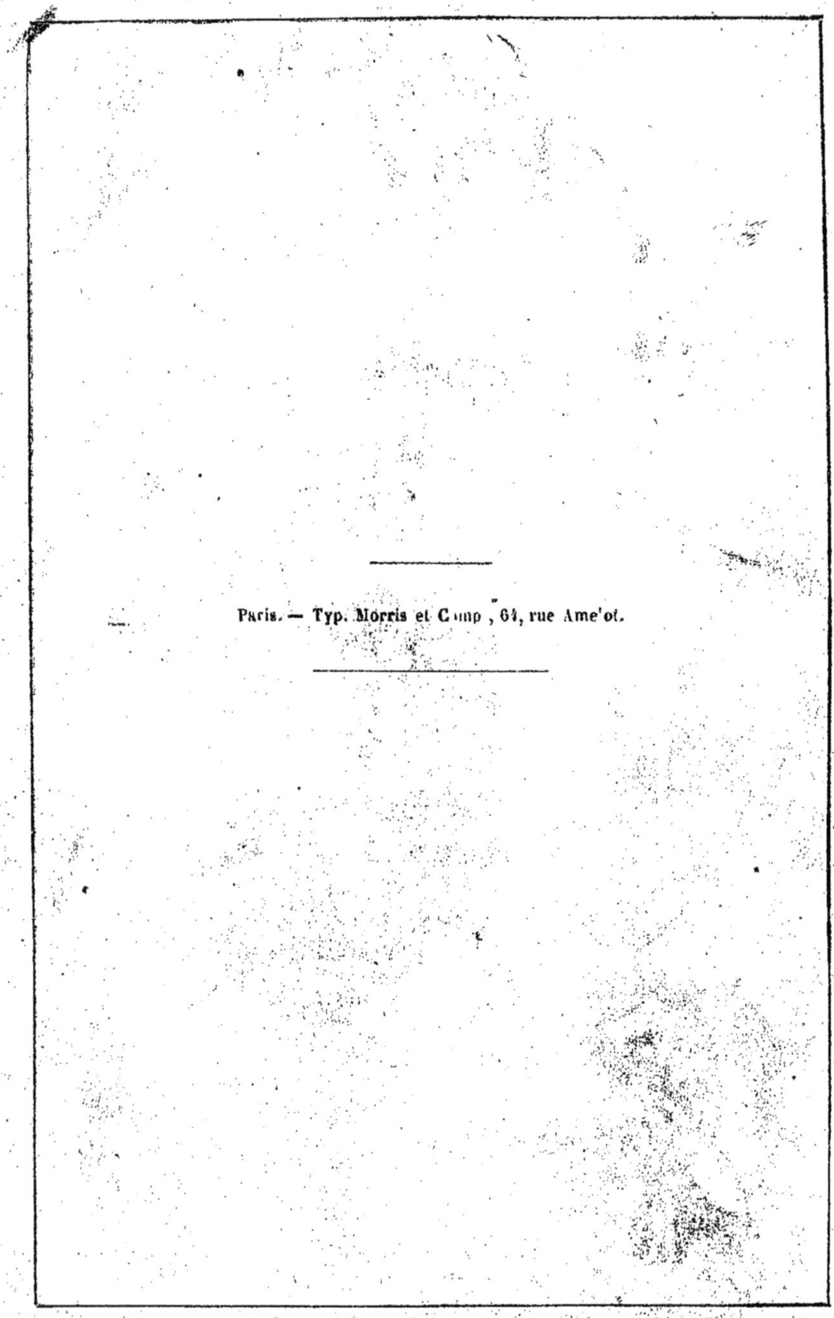

Paris. — Typ. Morris et Comp , 64, rue Amelot.

9 782019 650186